讀新歷史課本有感
卜一著

序言

翁和毓

歷史為人、地、時、事和物所構成，其中之事乃氣勢所造成，而由人表現出來，在不同時間，不同地方，所表現都不相同；得氣勢者成為英雄人物，其事蹟流芳千古；順氣勢者得獲富貴，享受一時榮耀；逆氣勢者身受侮辱，命或不保，留與後人哀歎。歷史不會重演，但有軌跡可尋，以供當局思考，若其沉迷不悟，是為不智者也。

卜一君為台灣大學機械系畢業，來美獲得普渡大學機械工程博士，後從事石油開發工作三十餘年；退休後開始寫作。其作品概括頗廣，文章詞句通順，語氣雄渾有力，載述內容堪為讀者參考。本書為作者讀「臺灣新課綱高中歷史課本」的感言。余觀該「高中課本」，認為不宜稱為「歷史課本」，可謂片段的「臺灣方志」。因為治史者必兼具文學修養，對於修辭及音韻皆有相當造詣；且其人格必高尚，如

「在齊太史簡，在晉董狐筆」，不懼威脅，不為利誘，豈可淪為政治工具；所載述必須確鑿而有其意義，上朔遠古，以探索來源，其中過程明載是非，任由後人評論，故治史者難矣哉！卜一先生針對新課綱高中歷史課本提出了三個討論議題：（一）豐臣秀吉開啟了臺灣的信史；（二）臺灣的史前文化與菲律賓、婆羅洲、中南半島有交流，而與中國大陸關係；（三）否定了閩南、客家人渡海，篳路藍縷、以啟山林的艱辛、偉大的創業精神。

臺灣海峽之形成，有各種不同版本，許多專家認為在第三紀（Tertiary）末期海峽為陸地，在更新世（Pleistocene）時有孢粉可以佐證，在臺南左鎮、北寮、玉井一帶有象牙、犀齒、鹿角等陸相化石，這些動物可能生活於其間或由流水帶來沉積物，到第四紀臺灣與大陸間形成海峽而斷絕聯繫。其成因有認為係兩岸地層斷落，遂成為地塹（Graben）海峽，但余見識到臺灣山脈主要為南北走向之逆衝斷層所成，且東邊老而西邊新；對岸之福建沿海從太姆山、寧德、霧源到惠安、南安、安溪都有深成岩露出，可見臺灣島為大陸板塊衝向太平洋板塊之前緣，而福建之深成岩為大陸板塊之前端；海峽地區則為前端與前緣間之拗陷（Sagment）。

高山族在第三紀時由陸地來臺灣為不可能，只有在第四紀（Quaternary）用木舟漂划過海而來。浙江有河姆渡文化、良渚文化之考古，為六千至七千年之記錄，在2018年浙江義烏橋頭出土有易經卦簽及傢俱，鑒定為九千年，說明在九千年前這一帶有先民居住，至今福建有畲族及蜒戶為當地原始居民，浙江至江西有古越族分佈，這些居民統稱為華南傜族。臺灣高山族及太平洋島嶼之波里尼西亞人，可能皆為傜族之支脈；日月潭已故酋長毛國雄曾對筆者謂，其族之舞蹈與雲貴高原民族相似；泰雅族之服飾與福建山區畲族相似，且語言可以相通。但因歷史悠久，且環境差異，故皮膚顏色及骨骼亦有所變化，各民族發展出其特色文化。是以波里尼西亞人與高山族之間缺乏可對比（correlation）之文化，例如波里尼西亞人舞蹈多用腹、腰、臀之抖摔，以仿海浪拍岸或椰樹臨風之姿勢；而高山族之舞蹈，無論是慶豐收或打獵歸來都是兩腳挺勁，帶有登山越嶺精神；故兩者毫無相似之處。故余以為「南島文化」的假說尚有許多存疑之處！

中國東南沿海居民來臺墾殖，不知始於何時，但無疑地是在春秋戰國之後。秦代設會稽郡，管轄浙江及福建，中原人士遂大批南來，而有渡海謀生者，後東漢末年中原大亂，三國時期互相砍殺，有人渡海避難，以至三國之東吳有派兵來臺灣之舉；臺灣墾殖居民漸多，有人回閩、浙做搶劫，兼買賣商品，至明代為害加劇，乃有禁海令，謂「海外姦民，格殺勿論」，基本上這些島民不受王法約束；至明末顏思齊與鄭芝龍為首之墾殖群，將生產品及搶劫貨物運到日本販賣，并購買商品回臺灣或福建出售，卜一君稱其為「亦盜亦商」之謂也。鄭芝龍在日本與一莆田人翁姓相識，此人娶一日本妻田川氏為室，鄭芝龍娶翁女為妻，生一子名鄭成功。明朝向鄭芝龍招安，授以總兵職，鎮守福建及臺灣地區，此時臺灣正式進入中國版圖。

書中描述清代及日據時代之事頗周詳，可見我先祖渡海來台、篳路藍縷、以啟山林、艱辛備嘗、安於斯土，為子孫造福；日據時代為維護蒼生生計、民族文化、尊嚴，其先壯士民勇抵抗二十有餘年，繼以鄉紳志士文化運動，努力不懈，可歌可泣！本序無需贅述，唯有三件事在此補敘。

一、清光緒帝太子太師翁同龢曾經巡視臺灣，住在板橋林本源家，欣賞林家庭院花園，留下讚美詩文，並存有題匾，足見朝廷對臺灣之重視。

二、法國海軍從基隆登陸，遭到清兵及民勇圍攻，作戰未分勝負之際，宜蘭墾團在陳輝煌帶隊之下來助清兵，法軍見勢頭不妙，乃退艦隊上，隔數月法軍司令孤拔死在澎湖，法軍遂不敢再來犯；清廷嘉許陳輝煌功績，賜一匾稱其為守臺，而未聞有官爵或銀兩之獎賞。

三、清朝官方稱高山族為番仔，分生番與熟番二類，生番多住在山區，主要靠打獵為生，可以不納稅；熟番居平地，以農耕為業，與漢人雜居，收成時必需付稅；因法令寬容，漢番同等待遇，故官民之間頗為和諧。

卜一君於本書中特別編輯一章有關臺灣之廟宇及靈祉事蹟，以闡明臺灣民間文化、信仰均來自大陸閩南、客家風俗，源遠流長。在此余將所熟悉之神靈略加補述如下。

一、城隍廟代表統治之神靈，有省府城隍、縣府城隍、或地方城隍；臺灣省城隍廟在臺北市城中區漢口街附近，為政府官員、士紳求夢、求籤，問交、聚會之處；臺北市迪化街之城隍廟為民間簽約、宣誓、求解、聚會之處；城隍廟為統治之象徵，故在日據時代日本警察與之為敵，經廟君、士、紳、商人之勸說及維護，終於保存下來。

二、董公真人（董公真仙）河南得道之士，翁氏移民南下，至福建安溪縣科榜鄉，供奉此尊神為主位於進寶殿，有乩童神轎代神指示，以治病、探風水、定婚期、驅邪鎮煞而聞名，臺北翁姓供此神，台南義竹鄉翁氏建有廟宇，宜蘭頭城有乩童自建廟宇，南洋之科榜鄉翁氏族裔亦多供奉此神。

三、陳靖姑（臨水夫人）為福建閩江岸邊臨水之道姑，為里鄰治病，驅邪、收驚、排難解紛、幫助貧困；歸真以後，受惠者深感其德，而供奉為神靈。信徒在結婚時，常以其雕像為嫁妝，或以廟宇之香灰相贈，祈求保護平安；此風俗流行於閩江流域，宜蘭羅東有一廟宇，亦有乩童代為指示，信徒虔誠，香火鼎盛。

四、清水祖師（祖師公）姓陳，河南人，為宋文天祥部將，抵抗元兵失敗，退到福建安溪縣蓬萊出家當道士，在清水岩修道；他幫助當地人耕種、治病、照顧貧戶，深得居民愛護；在山洞裡得道之後，鄰里人於右側建一廟宇供奉，簽筊皆靈驗；每年迎神遊境，隊伍盛況為全縣之冠。臺北三峽鎮之居民多為安溪人，祖師廟建築具有安溪風味，臺灣北部清水鎮居民多來自安溪清水，此處亦供有祖師廟。

五、保生大帝（保生公、帝君公）原名吳本，福建惠安人，為宋代名醫師，因採藥跌下懸崖而殉命，鄰里民眾感懷其德，而供奉其為神靈，在惠安及南安一帶建有廟宇，安溪、同安及晉江有供其神位。抗戰期間，筆者在安溪猶是一幼童，目睹此神之乩童，到田間及曠野採集青草藥，醫治外科瘡皰，數日後脫疤復原。惠安與南安人在臺灣建有廟宇，近來臺灣與大陸開放往來，兩岸信徒代表廟宇進行交流，為民間交往互相理解及人群和諧做出貢獻。

由上可知，如今臺灣民間文化、信仰根深蒂固，均源自大陸，此乃無可否認的史實。願讀者明察之！

2021年4月20日於美國休士頓

翁和毓博士簡介：

祖籍福建泉州安溪，出生於臺北大稻埕，地質學專家，從事石油探勘三十餘年。

自序

這本書是筆者近日閱覽了臺灣新課綱高中歷史課本的感言。筆者針對課本中缺失、誤導的有關臺灣最早的信史、臺灣史前時期的文化，以及閩南、客家先民篳路藍縷，開發臺灣的三大主題作了評述。

其次，本書探討了臺灣族群組成狀況，以及臺灣原住民來源及南島語系的形成。臺灣文明的發展較許多鄰近的琉球、菲律賓、婆羅洲等太平洋島嶼都遲緩。筆者提出個人的一些觀點，解析了台灣海峽黑潮、風浪與渡海問題，並強調了朱元璋開啟的明、清閉關自守乃是阻擾臺灣文明發展的主因之一。

明代中期，大陸閩南、客家民間團體，亦盜亦商，陸續屯居臺灣，開啟了臺灣的文明，本文把這段被新課綱歷史課本忽略的事實做了陳述，並列舉了臺灣移民早期的聚落與城市。

滿清末年政治腐敗，國勢日衰，甲午之戰被日本擊敗。

1895年，根據馬關條約，臺灣被割讓給日本。直到1945年，抗戰勝利，臺灣光復，日本據臺長達50年。在其佔領初期，對臺灣百姓進行了殘酷的鎮壓、殘殺，臺灣人民不斷地抗日戰鬥；其後逐漸演化成文化抗日，也就是臺灣的民主自治運動。日本發動全面侵華及太平洋戰爭後，為了支援戰爭，日本軍閥發起了皇民化運動，摧殘臺灣固有文化，奴化臺灣人民。但臺灣深厚的傳統信仰、文化並沒有被日本人全盤摧毀。本書討論了臺灣民間的信仰，以及其對社會的影響。

翁和毓博士畢生從事地質工作，其祖籍為閩南泉州安溪，祖上渡海遷往臺北大稻埕，勤奮刻苦，立業有成。他暢曉臺灣地形、地質，並嫻熟閩南移民開發歷史、風情，此次不吝為本書作序，闡明了開發臺灣之滄桑及其源自故里的風俗、信仰。江克誠、林中明、陳建新、湯新之、李元平、丁正諸位先生給予指正，朱喜善先生為本書封面題字，洪聖翔先生負責、楊家齊先生作圖文排版、及老妻校對並提供建議，巢舒婷女士協助文字校對，特此致謝！

卜一

2021年2月23日

CONTENTS

楔子

最近我託一位回臺灣的朋友買了一本臺灣去年（2019年）秋季新改課綱後出版的高中歷史教科書。讀了以後，不禁使我想到一個故事：有一個老師帶了兩個學生去動物園，看到欄舍裡有個斑馬。第一個學生說是個白馬，因為他看的時候正好欄杆把黑條條都擋住了；而另一個學生說是個黑馬，因為他看的時候，欄杆把白條條都擋住了。老師就告訴他們，這不是白馬，也不是黑馬，而是個與馬大不相同的斑馬。

這本新課綱的歷史教科書有三大離譜：

（一）豐臣秀吉開啟了臺灣的信史；

（二）臺灣的史前文化與菲律賓、婆羅洲、中南半島有交流，而與中國大陸毫無關係；

（三）否定了閩南、客家人渡海篳路藍縷、以啟山林的艱辛、偉大的創業精神。

我想針對新課綱這三個綱領，向讀者做篇報告，在本書中解釋這課綱的荒謬。

第一章　是豐臣秀吉開啓臺灣的信史嗎

圖1-1　豐臣秀吉

首先讓我們來談談：「是豐臣秀開啟了臺灣的信史嗎？」這本教科書附了一個歷史大事年表，開宗明義，第一行就是：「1595萬曆二十一年，豐臣秀吉向臺灣的『高山國』發出招諭文書，要求納貢。」言下之意乃是：史書上第一次提到臺灣的是豐臣秀吉的詔書，此招諭開啟了臺灣的信史與文明。

中國最早記載臺灣的史籍乃是第一世紀的《漢書・地理志》

事實上在中國的史書中，最早在第一世紀的《漢書・地理志》就寫道：「會稽海外……有夷州和澶州。」而從第三世紀的三國時代開始，漢族就來到夷州（夷洲、今臺灣），其後隋、唐、宋、元、明不斷，均載於史冊。東漢、三國、兩晉、南北朝時，臺灣被稱為夷洲；隋、唐、五代、北宋、南宋稱為流求；元代改為琉球；明初稱小琉球，明朝中葉官方稱為「東番」，民間對臺灣的稱呼很多，如「雞籠」（指臺灣北部）、「笨港」（臺灣西部沿海的通稱）、「大員」、「臺員」。也有一說，「臺灣」名稱來源出自臺南安平的平埔族原住民西拉雅族「臺窩灣」社的社名，意為濱海之地，明朝萬曆年間官方正式啟用「臺灣」一詞。

三國孫權派萬人大軍去臺灣

《三國志・孫權傳》記載：

> 二年春正月，……遣將軍衛溫、諸葛直將甲士萬人，浮海求夷洲及亶洲。亶洲在海中，……，其上人民，時有至會稽貨布，會稽東縣人海行，亦有遭風流移至亶洲者。所在絕遠，卒不可得至，但得夷洲數千人還。……三年春二月，……衛溫、諸葛直皆以違詔無功，下獄誅。

乃是說三國東吳黃龍二年（230年）正月，孫權派衛溫、諸葛直帶領上萬士兵出海去夷洲、亶洲（亦為澶洲），想要俘虜那裡的人民以充實東吳的人口及兵員，卻遭到陸遜和全琮的極力反對，但孫權不聽。衛溫和諸葛直抵達夷洲，帶了幾千名夷洲的人回到東

圖1-2 孫權

吳；但在那裡士兵們因為疾病（註：可能是瘧疾）死去了十分之八、九。孫權為了掩飾自己的過錯，假借衛溫和諸葛直違背詔令的名義，把二位將軍關進監獄，隨後處死。衛和諸葛二位蒙冤而死，但在歷史上留下漢人開台壯舉的不朽英名。

當時隨軍去夷洲的東吳丹陽太守沈瑩著《臨海水土志》，其中記載：

> 夷州，又稱「夷洲」，在臨海郡東南，去郡二千里。土地無霜雪，草木不死。四面是山，眾山夷所居。山頂有越王射的正白，乃是石也。此夷各號為王，分劃土地，人民各自別異，人皆髡頭，穿耳，女人不穿耳。作室居，種荊為蕃鄣。土地饒沃，既生五穀，又多魚肉。舅姑子父，男女臥息共一大床。交會之時，各不相避。能作細布，亦作斑文布，刻畫其內有文章，以為飾好也。其地亦出銅鐵，惟用鹿觡為矛以戰鬥爾。磨礪青石以作矢鏃刃斧，環貫珠璫。飲食不潔。取生魚肉雜貯大瓦器中，以鹽鹵之，歷月餘日乃啖食之，以為上肴。呼民人為「彌麟」。如有所召，取大空材，材十余丈，以著中庭。又以大杵旁舂之，聞四五里如鼓。民人聞之，皆往馳赴會。飲食皆踞相對，鑿木作器如稀槽狀，以魚肉腥臊安中，十十五五

共食之。以粟為酒，木槽貯之，用大竹筒長七寸許飲之。歌似犬嘷，以相娛樂。得人頭，斫去腦，剝其面肉，留置骨，取犬毛染之以作鬢眉發編，具齒以作口，自臨戰鬥時用之，如假面狀，此是夷王所服。戰，得頭，著首還。于中庭建一大材，高十余丈，以所得頭差次掛之，歷年不下，彰示其功。又甲家有女，乙家有男，仍委父母，往就之居，與作夫妻，同牢而食。女以嫁皆缺去前上一齒。

有的史學家懷疑孫權大軍去的是今日的琉球，而不是臺灣，但筆者認為從《臨海水土志》記載：

（1）「四面是山，眾山夷所居」，這種地貌符合臺灣，而琉球山嶺很少。

（2）「夷洲在東南兩千里」，而《元史・琉求傳》（二百十卷）中寫道：「琉求，在南海之東」；由此可以確知「夷洲」即今日臺灣。

（3）孫權派去臺灣的士兵因為疾病死去了十分之八、九。同樣的問題其後在德川家康派兵侵略臺灣、鄭成功收復臺灣、牡丹事件日本派兵侵臺，以及1895年日本派兵佔領臺灣時都曾發生。根據現代醫學病理學家的研究，臺灣過去是世界上瘧疾病患最嚴重的地區之一，而琉球沒瘧疾的問題。因此推斷這諸次事件都應該是由於臺灣的瘧疾造成。

(4)「戰，得頭，著首還。於中庭建一大材，高十余丈，以所得頭差次掛之，歷年不下，彰示其功。」這種「獵頭」的習俗，只有在臺灣及婆羅洲等南島系統才有，而琉球是絕對沒有的！

這些地貌、地理位置、瘧疾病患和獵頭的習俗都說明夷洲不可能是如今的琉球，而符合於臺灣，是以孫權大軍去了臺灣而非如今琉球是肯定無疑的！

事實上最早引用沈瑩的《臨海水土志》，並論證夷州就是臺灣的，可能是臺灣日據時期對臺灣歷史研究貢獻卓著的日本學者伊能嘉矩。在其成名著作《臺灣文化志》中，他以沈瑩的描繪而推斷其所謂的「夷州」應該是現今的臺灣（見伊能嘉矩《臺灣文化志》，1928）。以後，又有日本學者市村瓚次郎和田清等人，利用沈瑩的《臨海水土志》中之記事，和《隋書・流求傳》的記載相互比較，同意伊能嘉矩的主張。在1950年代，臺灣中央研究院的人類學者凌純聲，也是繼續從沈瑩的這段敘述著手，另外再配合民族志，而論證夷州應該是臺灣。中央研究院近代史研究所學者郭廷以的《臺灣史事概說》（1954），以及大陸學者陳碧笙的《臺灣人民歷史》（1993）中，也都引用沈瑩的該段敘述，而指出夷州便是臺灣，以作為臺灣自古便與中原就有交流的依據。

隋煬帝三度派兵前往臺灣

第七世紀的《隋書・陳棱傳》和《琉球國條》記載從大業三年（607年）到六年（610年），隋煬帝三度派遣朱寬、陳棱、張鎮周前往臺灣（時稱琉求）。特別是最後一次，出動兵眾萬餘人從義安郡（今廣州、潮州一帶）出海，經澎湖群島登陸臺灣，在今日豐原一帶擊敗其王歡斯渴刺兜所率部眾，「虜男女數千人而歸」。只惜隋煬帝不久喪國，經略臺灣遂無人後繼。

圖1-3 隋煬帝

對於當時臺灣居民的生活方式，《隋書》上記載：「先以火燒，而引水灌之，持一插，以石為刃，長尺餘，闊數寸而墾之。土宜稻、梁、黍、麻、豆等」；「以木槽中，暴海水為鹽，木計為酢，釀米麥為酒。」；所用武器「有刀鞘、弓箭、劍鈹之屬。其處少鐵，又皆薄少，多以骨角輔助之。」說明當時臺灣居民還是以漁獵和較原始的農業生產為生。

另外《隋書》還提到：「琉球人初見船艦，以為商舶，往往詣軍中貿易。」可見在隋代時已常有商船從大陸到臺灣與當地居民通商貿易。唐代有施肩吾居澎湖的傳說。連橫在其《臺灣通史》中引申此說。雖有爭論，但至少說明在唐代民間對臺灣、澎湖都有相當的認識、來往。

南宋時福建與臺灣貿易頻繁

南宋偏安江南，民間與臺灣有更多的來往。陸游多年在福州任職，曾任「提舉福建路常平茶鹽」，主管茶、鹽事物，寫了一首詩——《感昔》：「行年三十憶南游，穩駕滄溟萬斛舟。常記早秋雷雨霽，柁師指點說流求。」說明了南宋時福建與臺灣貿易頻繁。南宋時泉州對外貿易繁盛，澎湖成為泉州航行去呂宋（今菲律賓）的中轉站，大陸漁民也經常到澎湖捕魚或停留。

又據趙適著《諸番志・琉球國》敘述：「旁有毗舍耶，……，泉有海島曰彭湖，隸晉江縣，與其國密邇。」《宋史・汪大猷傳》記載：「汪大猷……，起知泉州。毗舍耶嘗掠海濱居民，歲遣戍防之，勞費不貲。大猷作屋二百區，遣將留屯。……毗舍耶面目黑如漆，語言不通。」可見當時宋朝已在澎湖屯兵。至於在宋代經常侵犯福建臨海居民的毗舍耶人，有的學者認為是菲律賓土著，也有人認為是當時臺灣南部的小黑人原住民——尼格利陀地域人種（Negrito local race）。

元代在澎湖設置巡檢司，並派使招諭臺灣

元代在澎湖設置巡檢司，也曾派使招諭「琉球」（臺灣），擒130餘人而還。當時旅行家汪大淵隨商船遊歷南洋數十國，寫成《島夷志略》，其中對澎湖、臺灣當時人民生活狀態敘述甚詳：

> 澎湖土瘠不宜禾稻，泉人接茅為屋居之。……，煮海為鹽，釀秫為酒。采魚蝦螺蛤以佐食，爇牛糞以爨，魚膏為油。地產胡麻、綠豆。山羊之孳生數萬為群，……。土商興販，以樂其利；琉球土潤田沃，宜稼穡。氣候漸暖，俗與彭湖差異。水無舟楫，以筏濟之。……煮海水為鹽，釀蔗漿為酒。知番主酋長之尊，有父子骨肉之義，他國之人倘有所犯，則生割其

肉以啖之，取其頭懸木竿。地產沙金、黃豆、黍、硫黃、黃蠟、鹿、豹、麂皮。貿易之貨，用土珠、瑪瑙、金珠、粗碗、處州瓷器之屬。海外諸國，蓋由此始。

可知當時臺灣和大陸的通商不斷，也是大陸商船往來南洋各國經常停留之處。

明初朱元璋頒佈海禁，大陸與臺灣往來由民間承擔

明初朱元璋撤銷澎湖巡檢司，並頒佈海禁，影響到臺灣與大陸的貿易，延緩了臺灣的發展。鄭和七次下西洋，但認為臺灣「地乏奇貨」，沒有完整、有力的政治勢力，遂沒有造訪。雖政府不鼓勵，但大陸與臺灣往來以及臺灣的開發的任務轉而由民間承擔。

與倭寇和西方航海的同時，大陸沿海出現許多擁有武裝和經濟實力的海上貿易集團，他們亦盜亦商，多以澎湖為根據地，活躍海上，後被明軍所逼，轉入臺灣。其中規模最大的有汪直、林道乾、林風和顏思齊、鄭芝龍。明朝水師為追剿海盜、倭寇，曾多次進軍臺灣。

據1602年隨沈有容追擊倭寇到臺灣的陳第在《東番

記》說：

> 東番（註：今臺灣）夷人不知所自始，居彭湖外洋海島中。起魍港（北港）、加老灣，歷大員、堯港、打狗嶼、小淡水、雙溪口、咖哩林、沙巴里、大幫坑（註：書中所記的十個地名，是當時臺灣島上原住民居住的村落名稱，主要分布在今臺灣台南縣、台南市、高雄縣、高雄市一帶，皆歷歷可考。），皆其居也，……種類甚繁，別為社，社或千人，或五六百。無酋長，子女多者眾雄之，聽其號令……故生女喜倍男，為女可繼嗣，男不足著代故也。性好勇喜鬥，鄰社有隙則興兵，期而後戰。疾力相殺傷，次日即解怨，往來如初，不相讎。所斬首，剔肉存骨，懸之門，其門懸骷髏多者，稱壯士。……交易，結繩以識，無水田，治佘（註：火耕）種禾，山花開則耕，禾熟，拔其穗，粒米比中華稍長，且甘香。采苦草，雜米釀，間有佳者，豪飲能一鬥。……穀有大小豆、有胡麻、又有薏仁，食之已瘴癘；無麥。蔬有蔥、有姜、有番薯、有蹲鴟（註：芋頭），無他菜。果有椰、有毛柿、有佛手柑、有甘蔗。畜有貓、有狗、有豕、有雞，無馬、驢、牛、羊、鵝、鴨。獸有虎、有

熊、有豹、有鹿。鳥有雉、有鴉、有鳩、有雀。山最宜鹿，儦儦俟俟，千百為群。…。居山後，始通中國，今則日盛。漳、泉之惠民、充龍、烈嶼諸澳，往往譯其語，與貿易；以瑪瑙、瓷器、布、鹽、銅簪環之類，易其鹿脯、皮角。

這篇文章把十六世紀末臺灣居民的社會、生活、風俗描繪得十分細緻。

十六世紀中葉，大陸民間具規模性的武裝與商業集團已到臺灣屯居、貿易，為臺灣帶來文明的曙光

《明史・雞籠山》載：

雞籠山（註：指臺灣）在澎嶼東北，又名東番，去泉州甚邇。地多深山大澤，聚落星散，無君長，有十五社，社多者千人，少或五六百人。……雖居海中，酷畏海，不善操舟，老死不與鄰國往來。……既收穫，即標竹竿於道，謂之插青，此時逢外人便殺矣。……嘉靖末，倭寇擾閩，大將戚繼光敗之。倭逃遁居於此，其黨林道乾從之。……而雞籠遭倭寇焚掠，國遂

> 殘破。初悉居海濱，既遭倭難，稍稍避居山後。忽中國漁舟從魍港飄至，遂往來通販，已為常。

亦商亦盜的林道乾於1566年聚眾三千、巨艦五十餘艘前往魍港（今北港）屯居，作為根據地（窟穴）。而與林道乾同時在閩、粵海上活動的另一位海盜首領林鳳，也於萬曆元年（1573年）經澎湖前往魍港駐紮。當時（十六世紀中葉），魍港已是海商，海盜以及漁民活躍的地點。麻豆社區域即屬於魍港貿易圈內，漢人主要以布，鹽，銅簪，瓷器，瑪瑙與原住民交換鹿皮，鹿肉，魚及藤等物品。

由以上的歷史考證，可知中國從第一世紀東漢開始直到明代都一直有記載臺灣居民的社會、生活、風俗以及與大陸的交流。這些史籍，除了明末陳第的《東番記》，都比豐臣秀吉於1595年發出的「招諭文書」早得多；清初編輯的《明史》更明確地說明，遠在豐臣秀吉掌政之前的十六世紀中葉，具規模性的大陸民間武裝與商業集團已到臺灣屯居、貿易，為臺灣帶來文明的曙光。

豐臣秀吉的兒戲、幻想（Wishful Thinking）

豐臣秀吉（1537-1598年）是日本戰國時代末期的武士

大名（諸侯），出身貧寒家庭，早先依附織田信長，獲得武士身分。1582年，織田信長在京都本能寺遭到明智光秀叛亂，自殺身亡。豐臣秀吉脫穎而出。1580年代末，討平各方大名，基本上統一日本，自任太閤（丞相），並修造規模驚人的大阪城。1590年代初，豐臣秀吉野心膨脹，幻想征服東亞大陸的大一統帝國明朝，遷都北京的兒戲；並四處散發告示給琉球、朝鮮、呂宋（南蠻、今菲律賓，）、高山國（臺灣）、暹羅、瀾滄王國、大越、廣南、占城、莫臥兒帝國、葡屬印度（今印度果阿）及葡屬澳門等國家和地區，要求他們向日本稱臣、納貢，並協助日本攻打大明。結果沒有一個國家理會他。

豐臣秀吉的下場

豐臣秀吉兩度派大軍侵略朝鮮，結果都被朝鮮及明朝軍隊擊敗。豐臣秀吉於第二次征朝鮮時期的1598年憂憤而死，其幻想灰飛煙沒！他死後，其家族被德川家康消滅；德川家康家族幕府控制日本長達兩百六十多年，直到明治維新。琉球本為明朝屬國，向明朝稱臣進貢。西元1609年，德川家康侵略琉球，從此琉球才開始向中國（明朝、清朝）和日本兩國進貢，這都是豐臣秀吉死後的事了。

有趣的乃是臺灣新高中歷史書上露了個馬腳：豐臣秀吉招諭臺灣的「詔書」居然是中文的，說明當時的臺灣和琉球都是中國的藩屬或勢力範圍，與中國交流頻繁，而與日本無關。

結論

史籍記載臺灣始自第一世紀的《漢書・地理志》和第三世紀的《三國志・孫權傳》、沈瑩著《臨海水土志》；而非1595年（明萬曆二十一年）豐臣秀吉向臺灣的「高山國」發出「招諭文書」，要求納貢。中國漢代、三國、隋朝、唐朝、宋朝、元朝、明朝都有到臺灣軍旅、貿易、開墾、交流的記載。而且豐臣秀吉向臺灣的「高山國」發出「招諭文書」，要求納貢，完全是豐臣秀吉的幻想，不可當真！臺灣新課綱的歷史課本犯了錯把斑馬說成白馬、黑馬之荒謬，令人有滑天下之大稽、笑掉大牙之感！

第二章　臺灣史前時代真與大陸無關嗎

依照臺灣新課綱改編的高中歷史課本中有兩個論點：（一）史前時代，臺灣原住民與太平洋諸島，譬如菲律賓、婆羅洲甚至中南半島史前居民有交流互動，而與大陸史前居民不相往來。（二）臺灣是太平洋與印度洋的南島語族的起源點，也就是太平洋、印度洋上人類向外擴散的起點。是以臺灣原住民與大陸史前居民屬於海洋和大陸兩個不同的系統，兩者毫無關係。

讓我們來談談，臺灣史前文化與大陸真沒有關係嗎？真是只有海洋文化嗎？

舊石器時代臺灣最早的人類活動遺跡

圖2-1展示臺灣史前各文化層的時空的分布。舊石器時代，臺灣海峽消失，臺灣文化是大陸文化的一部分。根據考

古學家的研究，臺灣的舊石器時代以東南海岸的「長濱文化」和西北部紅土臺地的「網形文化」為代表。但也有的學者認為網形文化應歸類於長濱文化類型。

長濱文化發現於1968年，在臺東縣長濱鄉的八仙洞挖掘出舊石器時代的石器和骨器。八仙洞包括大大小小十多個洞穴，其中的乾元洞、海雷洞、潮音洞出土了石器和骨器。石器有刮削器、尖狀器和砍斫器。骨器有長尖器、骨針、骨錐、骨鏃等。據研究，長濱文化的居民以洞穴為家，過狩

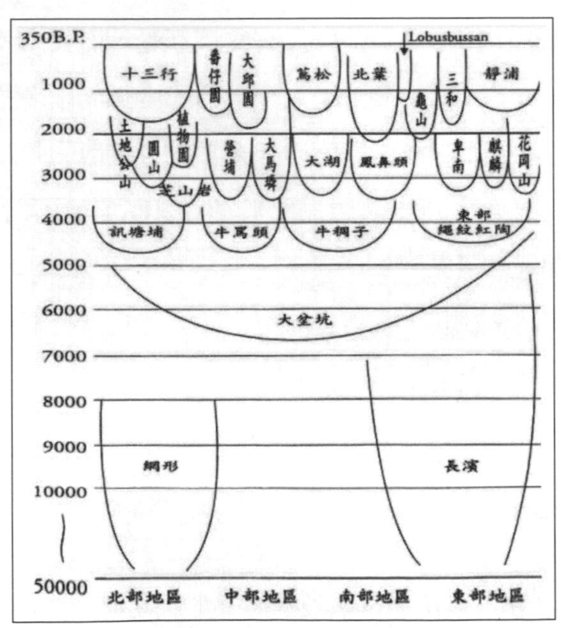

▌圖2-1　臺灣史前各文化層的時空分佈圖
（劉益昌，1992，經多次修改）

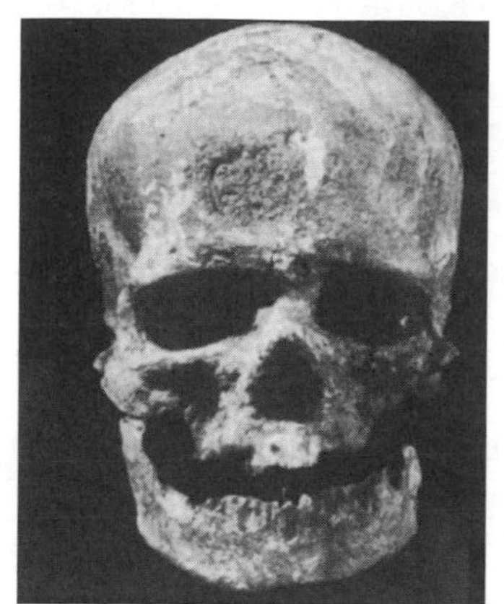

▌圖2-2　左鎮人的頭骨

獵、捕魚和採集生活。經測定，長濱文化層最早距今約1.5萬年，有的數據稍晚些。與大陸舊石器時代晚期文化比較，證明長濱文化源自中國南方，說明臺灣和大陸在舊石器時代的文化交流，至少可追溯到1.5萬年以前。

1971年在臺南左鎮菜寮溪發現2到3萬年前的「左鎮人」的頂骨、額骨、枕骨和牙齒等標本，這是迄今臺灣發現的最早的人類化石。

臺灣新石器—金屬時代與大陸的文化交流

讓我們舉臺北盆地和中南部的出土資料，來解釋新石器—金屬時代臺灣與大陸的文化交流。

臺灣北部——臺北盆地

六千多年前的新石器早期，臺北盆地中湖水逐漸退出，盆地邊緣乾涸形成陸地。臺灣至今已發現的最早新石器時代文化是6500-4500年前的大坌坑文化。

該文化最先在淡水河口附近的新北市八里鄉大坌坑被發現，其遺址主要分布在如今五股—關渡—圓山—芝山岩一線海拔10-40米的盆地邊緣山麓地帶。考古學家認為當時的人群是沿著盆地邊緣進入盆地，定居於地勢較高的坡地或小

圖2-3　新北市八里鄉新石器時代大坌坑文化遺址

丘，依山為生、靠水為田，形成小型聚落。除了漁獵外，可能已經有種植根莖類作物，臺北盆地開始有雛形農業。考古學家張光直先生稱大坌坑文化為「富裕的食物採集文化」，與閩江口以南到雷州半島附近之間的大陸東南沿海地區的新石器文化相似，顯然來自大陸。

其後在臺北盆地陸續產生了汛塘埔文化、芝山岩文化、圓山文化、圓山文化土地公山類型和植物園文化。從出土文物中顯示稻米耕種、陶器製造等技術均來自大陸；特別是植物園文化的陶器為「方格印紋厚陶」，與大陸東南沿海的「幾何形印紋軟陶」相似，是受其影響或由從大陸來臺的移民引進。

圖2-4　新北市八里鄉金屬時代十三行博物館
CC BY-SA 4.0, Taiwankengo, https://tinyurl.com/4nraj5ye

在如今新北市八里鄉出土的「十三行文化」，說明在一千八百年前臺灣的局部地區已進入金屬器時代。考古學家劉益昌先生認為十三行文化的興起，是植物園文化晚期受到大陸東南沿海地區的金屬器製造技術傳入的影響，而逐漸轉變而成。

臺灣中南部的鳳鼻頭文化

鳳鼻頭文化發現於高雄縣林園鄉鳳鼻頭遺址，分布於大肚山至鵝鑾鼻的臺灣西海岸中南部與河谷地區：台中、南投、高雄、屏東；晚期延伸到彰化、苗栗和新北市八里鄉的十三行。

第一期：西元前2500-1500年；以細質紅陶為主要特徵，與大陸較早期的青蓮崗和馬家濱文化紅陶相似。

第二期：西元前1500年—西元初年：以素面和刻紋黑陶為主要特徵，與大陸福建曇石山遺址的文物十分相似，還與青浦崧澤、杭縣良渚、海豐菝仔園和殷商時代清江吳城等史前文化有交流。在鳳鼻頭文化陶器上出現的「｜、＋、×」等刻紋符號，也廣見於上述大陸的各處文化。

第三期：西元初年至十六七世紀漢文化大量傳入時期：以印紋和刻劃紋灰黑陶為主要特徵，以方格紋為主。這種陶器與華東青蓮崗、福建曇石山出土的幾何印紋陶屬於同一類型。這一期出土文物中有許多鐵器，其鑄鐵技術是由大陸傳入。

可見臺灣平埔族原住民與漢人的交流源遠流長，受漢文化影響深遠。三個時期的文化遺存，都呈現著鮮明的大陸特徵。

臺灣原住民與南島語族

關於南島語族的起源、發展，有許多不同的學說和研究報告，特別是近年來應用先進的DNA技術，不斷有一些新的認識。申論南島語族非本章範疇所及。在此僅綜合一些研究報告的要點以解釋南島語族的臺灣原住民與大陸史前時代人群的關係。

澳洲學者Peter Bellwood在1991年曾繼語言學家Isidore Dyen（1963）及Robert Blust（1988）之後在Scientific American發表《The Austronesian Dispersal and the Origin of Languages、南島語族的擴散與語言》，認為臺灣是南島語族的發祥地。

其後他又發表了一篇論文推測約在6000年前，南島先民從大陸南方耕種稻米的河姆渡文化及良渚文化移居到臺灣，在5000年前自臺灣擴散到菲律賓，4000年前到印尼；然後再到密克羅尼西亞（Micronesia），約在1200-900年前到達波里尼西亞（Polynesia）的三個頂點：夏威夷、復活節島和紐西蘭。根據近年一些應用DNA的研究發現臺灣原住民的基因有大陸族群的成分，同時也有中南半島、澳洲和太平洋島嶼族群的成分。以此推論，臺灣原住民可能來自大陸和海洋兩方面（詳見第四章）。這也印證了本文前節所述的史前時代出土文物的結論。

結論

舊石器時代，臺灣海峽消失，臺灣文化是大陸文化的一部分。如今在臺灣發現的最早新石器文化是新北市八里的大坌坑文化，來自中國大陸。由臺灣北部（臺北盆地）及中南部的新石器時代鳳鼻頭文化出土文物證實臺灣新石器—金屬器時代與大陸有不斷的交流，也有相當多的大陸移民，受大陸文化影響頗深！近年來有關南島語族的研究也說明臺灣原住民與大陸的族群有關。

臺灣新課綱聲稱臺灣原住民屬於南島語系，與太平洋諸島譬如菲律賓、婆羅洲甚至中南半島史前居民有交流互動，而與大陸史前居民不相往來。此乃斷章取義，犯了隔欄杆錯把斑馬看成白馬、黑馬之荒謬！

第三章　閩南、客家移民開創臺灣的文明

是誰開啟、創造了臺灣的文明？為什麼新課綱的歷史課本要否定閩南、客家人渡海，篳路藍縷，以啟山林的艱辛偉大創業精神？！

新課綱十分離譜，在那本高中歷史教科書裡只有四頁輕描淡寫提到閩南、客家人渡海開創的歷程，連一直被公認為「開臺之始」的顏思齊和鄭芝龍都一字未提；其中卻有兩頁專講內鬥。這令人覺得有點莫名其妙！哪有緬懷自己的祖先，什麼好的不提，卻只講負面、醜陋的瑣事？這豈非是「外國人」寫的「臺灣史」？怎能拿出來教育孩子們呢？

文明的起源與歷史的發展

史學界對於文明的起源有許多種學說。其中影響最深遠之一的是史學家湯恩比（Arnold Joseph Toynbee）的「挑

戰與回應論」。他認為人類文明的起源是由於在特定的困難情境所構成的挑戰，促使人們奮發起來，做出前所未有的努力。湯恩比引述了遠古亞非草原由於自然的變化，造成人群遷移到兩河流域和尼羅河三角洲，因之開啟了人類文明。

有關歷史的發展，馬克思從唯物論提出「群眾史觀」，認為人民群眾而非少數英雄人物，是歷史過程的積極主體，一般地說對社會發展起著主要決定作用。

以上這兩種論點都廣為史學界認同。

閩南、客家人移民開創了臺灣的文明

閩粵沿海居民，因土地稀少、貧瘠，近代人口激增，災荒頻屢，度日艱難；乃冒險犯難，離鄉背井，聚眾渡海，篳路藍縷，以啟山林，安居臺灣。由湯恩比的文明起源說和馬克思的群眾史觀，說明：並非豐臣秀吉、日本人、葡萄牙人、荷蘭人；而是閩南、客家人的移民開創了臺灣的文明。換句話說，閩南、客家人的移民臺灣，印證了湯恩比文明起源說和馬克思群眾史觀的正確性。

下表是漢人移民臺灣的移民人口演變的估計：

時代	年份	人口（事件）
明代	1566年	3千 （林道乾駐紮魍港）
	1621-1646	3萬 （顏鄭魍港屯墾）
荷蘭殖民	1624-1661年	4萬多
明鄭末年	1683年 （康熙二十二年）	15萬
清代	1683年 （康熙二十二年）	7萬 （清朝強迫明鄭軍隊、官員、家屬遣回大陸，漢人移民減半。）
	1811年 （嘉慶十六年）	190萬
	1895年 （光緒二十一年）	295萬 （割讓臺灣）

明代中葉以前的漢人移民臺灣

根據上兩篇的論述，從出土文物可知漢人移民臺灣，與原住民的交流源遠流長。只是至今尚未發現在明代中葉以前具規模性的閩南、客家移民集團。這個時期來台的移民有限，沒有可靠的人口統計數目。

民間武裝團體到臺灣屯居、貿易，為臺灣帶來文明的曙光

明初朱元璋頒佈海禁，延緩了臺灣的發展。但大陸與臺灣往來以及臺灣開發的任務轉而由民間承擔。與倭寇和西方航海的同時，大陸沿海出現許多擁有武裝和經濟實力的海上貿易集團，他們亦盜亦商，活躍海上，後被明軍所逼，轉入臺灣。其中規模最大的有林道乾、林鳳、袁進、李忠、林辛老和顏思齊、鄭芝龍。

圖3-1　鄭芝龍

圖3-2　北港顏思齊開拓臺灣登陸紀念碑

1566年，林道乾聚眾三千、巨艦五十餘艘前往魍港（今北港）屯居，作為根據地；1573年，林鳳經澎湖前往魍港駐紮。袁進、李忠、林辛老也在17世紀初去過臺灣。十六世紀中葉開始，魍港已是海商，海盜以及漁

民屯居、與原住民貿易的地點。

顏鄭集團移民魍港

顏思齊和鄭芝龍原在日本做對中國、呂宋、東南亞的貿易，亦商亦盜，後於天啟元年（1621年，根據連横《臺灣通史》，亦有一說謂天啟四年）率眾到臺灣魍港，進行大規模、有組織的拓墾。當時臺灣已有不少由福建泉州、漳州遷來的漢人，許多人趁此投奔顏鄭集團，顏鄭勢力逐漸強大。

圖3-3　北港鎮與北港溪

天啟二年（1622年），顏思齊去世，鄭芝龍繼承領導，劫富濟貧，安置大陸移民開拓魍港鄰近地區（今雲林、嘉義），深得人心，歸附者日眾，有萬餘黨徒、數千船艦，縱橫東南海上，與荷蘭人、西班牙人時戰時和。

1628年，鄭芝龍就撫於明政府，實力更為壯大。崇禎初年（1628-1631年），福建旱災嚴重，鄭芝龍得到明政府的支援，招募到三萬閩南難民到臺灣，給予耕牛、農具、粟、稻，令其墾荒。

這個有組織、有計畫的移民，其規模非常可觀，對開啟臺灣的文明起了極重要的作用。舉一個例子比較，北美早期到新英格蘭的移民是從1620年的五月花（Mayflower）船到普利茅斯海岸開始，經過約八十年的不斷經營，直到十七世紀末，整個新英格蘭殖民地的移民僅有三萬九千人。但這個殖民地成為以後美國獨立建國的重心所在。

可惜到了1645年，清兵南下，鄭芝龍原在福州擁立唐王，次年歸順清朝，被軟禁北京。鄭芝龍離開福建後，臺灣餘眾瓦解，其開墾基業終被荷蘭人接收。

從清代以來，顏鄭集團屯墾魍港一直被公認為「開臺之始」。卻是在新課綱歷史課本裡，一字未提！

西班牙人佔領臺灣北部

西班牙人於1626年佔領雞籠嶼（今基隆和平島）。後佔領滬尾（今淡水），進入臺北盆地，又進佔蛤仔難（今宜蘭）。其後菲律賓人反抗西班牙殖民，西班牙人放棄淡水，並調遣部分雞籠駐軍回馬尼拉。荷蘭人於1642年進攻雞籠，西班牙守軍投降，結束了在臺灣北部16年的盤踞。當時西班牙在臺灣北部沒有太多建樹，漢人移民也很少。

荷蘭人殖民統治臺灣

1624年9月，荷蘭人入侵臺灣南部，在一鯤身大員（今安平）建熱蘭遮城（紅毛城），次年在赤崁（今台南）修建普羅文迪雅樓（赤崁樓），作為貿易基地，並邀請中國商人移民居住，不斷招募大陸移民來台墾荒。其後繼續擴大其佔領區，逐步將勢力發展到北至諸羅（今嘉義），南到阿猴（今屏東）的臺灣南部領土。1642年，荷蘭人驅逐盤踞臺灣北部的西班牙人；1646年，鄭芝龍被清朝挾往北京，其開墾基業被荷蘭人接收。至此，荷蘭人佔有臺灣西部沿海平原，統治315社。估計當時移民來臺的漢人已達四、五萬。而駐

圖3-4　臺南赤崁樓
CC BY-SA 3.0, Uwe Aranas, https://tinyurl.com/xw49a5hx

守臺灣的荷蘭兵士一般僅一千餘人，最多也只短暫地達到三千五百人。

鄭成功收復臺灣、三代經營

鄭成功於1645年開始反清復明的壯舉。1661年春，為確保海上貿易、開拓資源，乃決心收復其父鄭芝龍與顏思齊最早經略的臺灣，作為繼續反清復明的根據地。是年5月攻克赤崁，圍困熱蘭遮，改臺灣為東都，在赤崁設承天府（今台南），轄天興（今台南以北地區）、萬年（今台南以南地區）兩縣，並設安撫司於澎湖。將其部眾分派各地開墾，實行屯田政策。鄭成功圍攻熱蘭遮九個月，最後荷蘭人投降，結束了在臺灣三十八年的統治。只惜他享年不久，五個多月後就去世了。其子鄭經繼位，任用諮詢政參軍陳永華主政，通盤發展經濟、擴大貿易安撫百姓、推行教育、發展農業，並協助原住民耕種，提高了臺灣的生產力。

明鄭時期，大批漢人移民臺灣。1661年鄭成功收復臺灣和1664年鄭經由金廈退守臺灣，帶去的兵士和家眷約五萬人。其後許多沿海居民冒險渡海來台謀生，估計這一類移民也有五萬，加之荷蘭殖民時期已有的四、五萬漢人移民，明鄭末期臺灣的漢人已達到十五萬。但1683年（康熙二十二年）清朝派施琅渡海平定明鄭，清朝強迫明鄭軍隊、官員、家屬遣回大陸。漢人移民減半，留在臺灣的只剩約七萬人。

清代漢人移民臺灣成燎原之勢

清初承續明代大多時間的閉關自守，又恐怕臺灣再成為「亂藪」（亂民聚所），乃頒佈法令限制大陸移民，特別不許帶家眷去臺灣。清初承平既久，人口劇增，閩粵沿海耕地有限，而臺灣西部遼闊的荒地有待開墾。百姓乃不顧政府禁令，成群結隊，偷渡前往臺灣，移民風潮成燎原之勢。

平定朱一貴後，清政府檢討對臺移民政策，於雍正十年（1732年）解除移民攜帶家眷及接家眷的禁令，從此漢人移民劇增。根據嘉慶十六年（1811年）的統計，當時在臺灣的漢人已達194萬，較1683年明鄭末期時的十五萬，增加了十多倍。到了光緒二十一年（1895年）割讓臺灣時，移民人數已達295萬。

早期漢人移民據點

明代直到明鄭時期，閩南、客家人去臺灣屯墾聚居的地方有澎湖、魍港（北港）、大員（安平）、鹿耳門、熱蘭遮城（紅毛城）、赤崁（台南）、豬猡（嘉義）、屏東、雞籠（基隆）、淡水（臺北）。清代初年又開發了艋舺、鹿港、打狗（高雄）、半線（彰化）。形成「一府二鹿三艋舺」的三個重鎮。

閩南、客家移民之艱辛與努力

早期閩南、客家移民前往臺灣墾荒，艱辛備嘗。首先要冒險渡海，臺灣海峽夏季颱風頻繁，冬季東北風強勁，渡海

圖3-5　安平古堡

圖3-6　臺北萬華龍山寺

CC BY-SA 4.0, Outlookxp, https://tinyurl.com/2mhmth4r

圖3-7 鹿港老街
CC BY-SA 4.0, 林高志, https://tinyurl.com/558y6w3w

危險，陰曆二月、八月風浪較緩和，適於渡海。颱風和洪水往往帶給新移民很大危害及損失。瘧疾是臺灣常遇的疾病，以及部分原住民尚有出草獵頭風俗經常威脅移民的生命。早期移民的婚姻問題很嚴重，雍正十年放寬攜眷政策後，情況逐漸有所改善。土地的糾紛、爭奪不免。灌溉與水利乃是移民汲汲發展的要項；清代早期修建了彰化八堡圳、臺中葫蘆墩圳、臺北瑠公圳及鳳山曹公圳等水渠，水利的發展大力增加了農產，促進了臺灣經濟的發達。

結論

回顧早期移民的艱辛，始知先民創業匪懈，誠乃先賢連橫所道：「篳路藍縷，以啟山林，至於今是賴！」開啟臺灣文明的人群是閩南、客家的先民，而非豐臣秀吉、日本人、葡萄牙人、西班牙人和荷蘭人。我們應該多研究、多敘述閩南、客家先民的偉大創業精神。應以先人的艱辛創業為榮，不可數典忘祖，這樣才能培養孩子們對自我族群的自尊、自信；應該告訴下一代真實的歷史，使年輕人才能有正確的判斷力。具有自尊、自信和正確判斷力的下一代才能把臺灣的未來帶上康莊大道！

第四章　臺灣族群分佈狀況

臺灣人口若依據移居島上時間的先後，可以分為四大族群，分別為：原住民、閩南人、客家人和外省人。而近年來由於臺灣人與東南亞國家或中國人民通婚日益增加，亦有所謂的第五大族群的出現，稱為新住民。

二次大戰結束前便已定居臺灣的福建和客家移民統稱「本省人」，當時其中閩南人口約佔臺灣總人口的85%，客家人口約佔13.5%，其餘1.5%為南島語族；戰後因大量外省人移入，臺灣人口結構發生變化。「外省人」是抗戰勝利後來臺的大陸人民的統稱，尤以1949年後因國共內戰失利而隨國民政府撤臺台的大陸居民為最大的移民潮，現在已經繁衍到第三代，甚至第四代。

依據1956年戶口普查中，外省籍人口約93萬人，加上未設籍軍人27萬人，共約121萬人，約占當時臺灣人口937萬人中的13%。各族群的分布情況大致如下：

1. 臺灣中南部主要都是福佬（河洛）人。

2. 客家人分布在桃園縣、新竹縣、苗栗縣，還包括南部的六堆地區，主要是指屏東縣的內埔、長治、麟洛、萬巒等鄉鎮，及高雄縣美濃、六龜等鄉鎮。其他各縣市中，東部花蓮縣是客家大縣，客家人口佔全縣百分之四十，達十幾萬人。再就是臺東縣，客家人口佔全縣大約四分之一。另外，客家人相當多的縣市是臺中、南投、高雄三個縣，客家人占百分之十幾。

3. 外省人的分布最多在北部，在臺北市籍貫為外省人者約有80萬人，占臺北人口將近30%，是臺灣外省人數最多的行政區，亦為外省人比例最高的縣市。其次則是花蓮縣，約佔25%。

如今「外省人」人數因與本省人通婚而難以有一個準確的數據，但一般認為約佔臺灣現有人口的10-15%。如根據2020年4月的一次統計：閩南人口約佔臺灣總人口的69%，客家人口佔16.2%，外省人口約佔10.8%，原住民2.43%，新住民1.57%。可見如今臺灣族群是以閩南、客家、外省三者為其主體，原住民與新住民為次。尊重原住民乃為無可厚非，但將臺灣的主要文化、歷史、血緣與原住民認同，而拋棄了閩南、客家、外省三大主體，是本末倒置、不合邏輯的！

第五章　探討臺灣原住民來源及南島語族的形成

智人走出南非，部分遷移到東亞

根據人類學家的研究，推測在7到5萬年前，智人（Homo sapiens）走出東非州，沿著亞洲大陸的南海岸來到東亞與東南亞，最後在約5萬年前到達了今日太平洋上的一些島嶼與澳洲；而另一路則北上，於4萬年前佈滿了如今的歐洲（圖5-1）。

南島語族的起源

關於南島語族的起源、發展，有許多不同的學說和研究報告，特別是近年來應用先進的DNA技術，不斷有一些新的認識。學術界根據語言學與考古資料，建立了幾種假說。

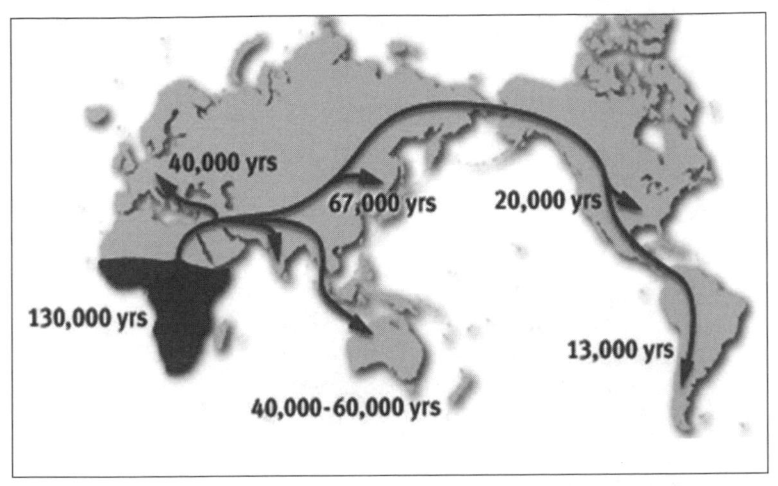

圖5-1　智人走出東非洲的遷移圖

1.出臺灣假說

有些考古學家認為，人群由亞洲大陸移居至臺灣的族群，其後沿著島嶼，逐步擴展到太平洋各地，因之形成了南島語族。這個假說，稱為「出臺灣（Out of Taiwan）假說」。這個假說最早由語言學者提出，遺傳人類學者以粒線體DNA的研究，對這個假說提供更多證據。這個假說在學術界有很多支持者，但尚未得到一致共識。

Shutler and Marck於1975年發表論文，認為臺灣是南島語族最有可能的發源地以後，國際遺傳學界即接受他的研究成果。澳洲學者Peter Bellwood在1991年繼語言

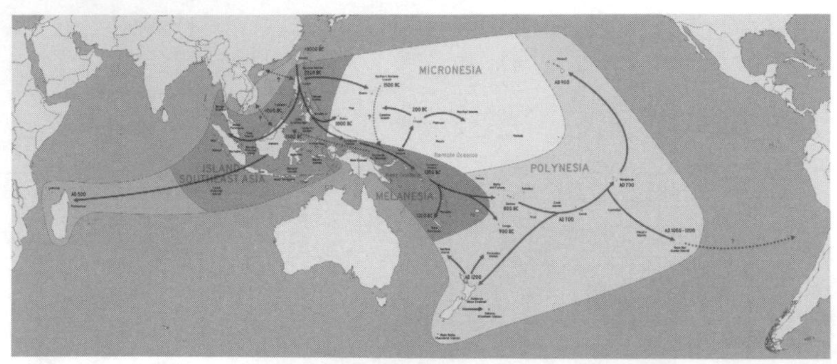

圖5-2　出臺灣說的南島語族遷移圖
CC by SA 4.0, Obsidian Soul, https://reurl.cc/g8z30b

學家Isidore Dyen（1963）及Robert Blust（1988）之後在Scientific American發表《The Austronesian Dispersal and the Origin of Languages、南島語族的擴散與語言來源》，他相信台灣是南島語族的發祥地。其後他又發表了一篇論文推測約在6000年前，南島先民從大陸南方耕種稻米的河姆渡文化及良渚文化移居到台灣。此後發展出卓越的航海能力，不斷分批移民至太平洋及印度洋各島嶼：在5000年前自台灣擴散到菲律賓，4000年前到印尼；然後再到密克羅尼西亞（Micronesia），約在1200-900年前到達波里尼西亞（Polynesia）的三個頂點：夏威夷、復活節島和紐西蘭；另外還向印度洋諸島遷移，遠達馬達加斯加島（Madagascar）（圖5-2）。

2.巽他大陸（Sundaland）起源說

由William Meacham，Stephen Oppenheimer，和Wilhelm Solheim幾個人提出的「巽他大陸起源說」認為：上一冰河期的東南亞由於海平面比現在低，爪哇島、蘇門答臘島與馬來半島連在一起，形成巽他大陸（Sundaland），為亞洲的延伸。在約25,000年前，海平面降低到今日海平面的120-130米以下。大部分如今的大陸棚架在當時都是陸地。但在間冰期，海平面逐漸上升，圖5-3顯示從上一個冰河期到今日的全球海平面的高度變化。圖5-4顯示當時和今日東南亞

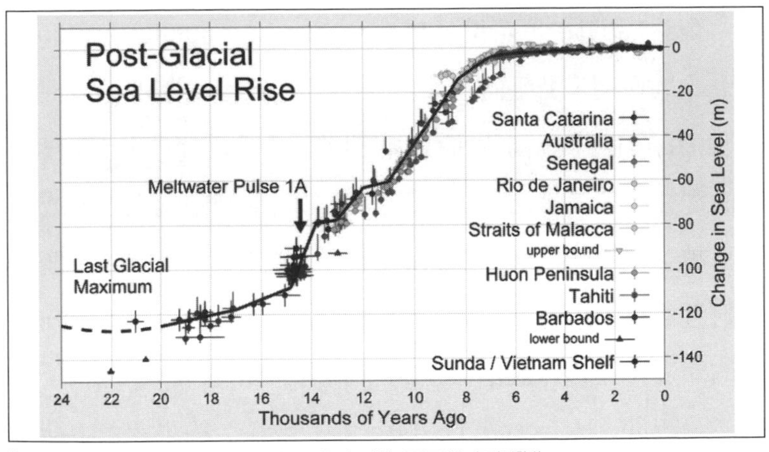

圖5-3　從上一個冰河期到今日的全球海平面的高度變化
CC by SA 3.0, Global Warming Art, https://reurl.cc/8y2R57

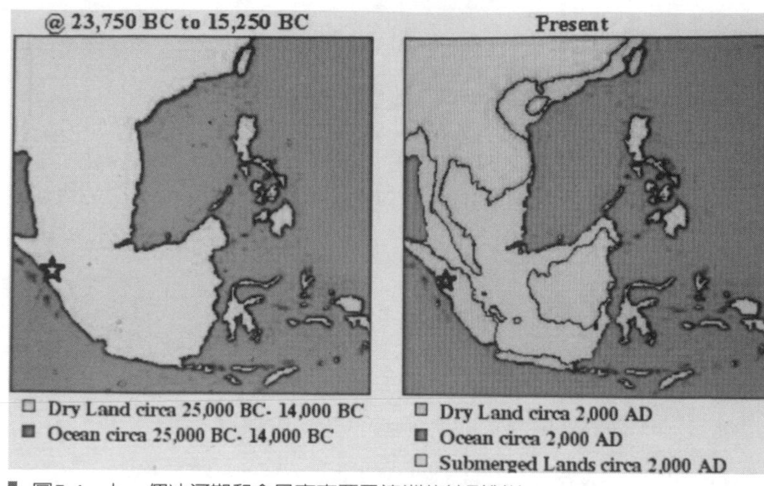

圖5-4　上一個冰河期和今日東南亞及澳洲的地形對比

及澳洲的地形對比。而菲律賓幾乎與巽他大陸相連；澳洲、新幾內亞也僅隔一些串連島嶼與巽他大陸隔海很近。

圖5-5說明在更新世（Pleistocene, 2, 580,000-11,700年前）的最晚期，海平面逐漸上升，巽他大陸的陸地被淹沒，變為海洋和島嶼，原生活在這裡的人群只得向四方遷移，有的遷往中南半島內陸；有一些渡海北上到中國大陸，成為「百越」組成的一部分；有的前往婆羅洲、新幾內亞、澳洲及附近島嶼；也有的向北去菲律賓和臺灣。還有一部分向西方的印度洋遷移，最遠抵達馬達加斯加島（Madagascar）。到了全新世（Holocene, 11,700年前－現在）的早期和中期，則產生了由巽他大陸北上臺灣，和由臺灣南下的雙向遷移和

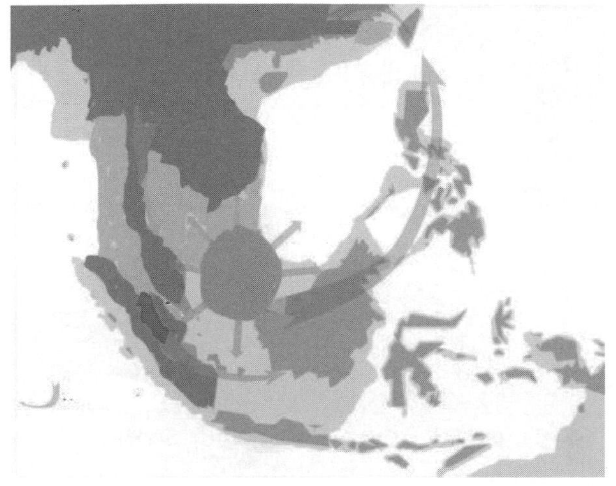

圖5-5　在更新世的最晚期，海平面逐漸上升，巽他大陸的陸地被淹沒，變為海洋和島嶼，原生活在這裡的人群只得向四方遷移

William Meacham, Stephen Oppenheimer, Wilhelm Solheim

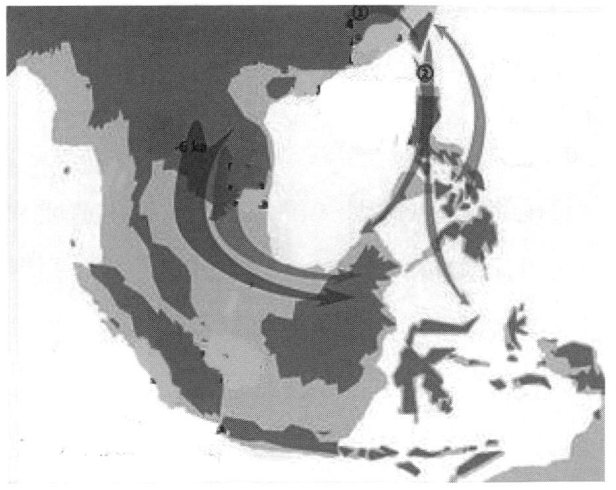

圖5-6　到了全新世的早期和中期，產生了由巽他大陸北上臺灣，和由臺灣南下的雙向遷移和交流

William Meacham, Stephen Oppenheimer, Wilhelm Solheim

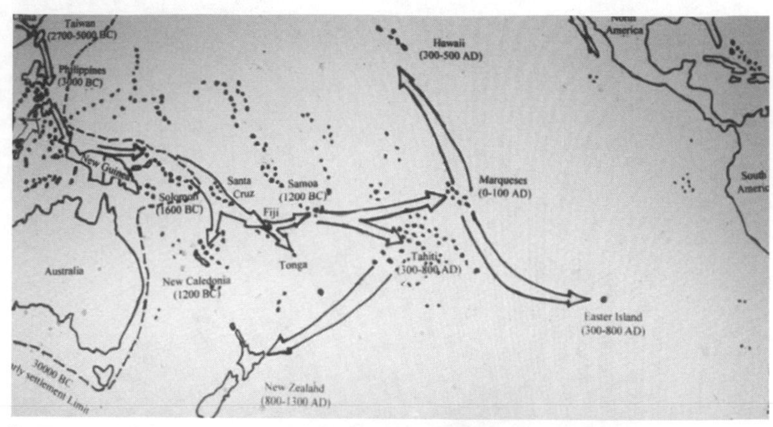

▌圖5-7　全新世的中期之後，南島語族向東到太平洋諸群島的遷移圖

交流（圖5-6）。其後再向東到太平洋諸群島（圖5-7）；由於巽他大陸的居民被迫離開，開始形成南島語族。

3.中國沿海起源假說

福建發掘的曇石山遺址、漳州東山大帽山遺址、寧德霞浦縣黃瓜山貝丘遺址、泉州晉江庵山沙丘遺址、福州平潭殼丘頭遺址，據考證都跟南島語族文化有淵源。在福建出土石錛、石戈以及石叉等物品，在波利尼西亞仍常見。

福建的幾大遺址中出土的石器、陶製品等文物製作的方法、生產工藝、母語語系等推測，南太平洋、印度洋的南島語族眾多島國居民的祖先，與中國東南沿海文化有交流。

中國醫藥大學講座教授葛應欽，利用演化基因學改進方法及技術，分析在馬祖亮島出土的亮島人遺骸，重建遺傳系譜，認為早期南島民族約8000年前起源於福建沿海地區，反對臺灣或東南亞島嶼是早期南島民族發源地的說法。

中國考古學家張光直根據福州平潭殼丘頭遺址的出土文物，認為稍晚的臺灣西海岸的大坌坑文化與此文化有關聯，兩者部分的文化面貌說明福建是南島語族最早的淵源。

4.最新基因研究

近年有一些對南島語族進行的基因研究報告，提出一種新的說法：南島語族的人現在可以分為兩個遺傳學上截然不同的族群：

1. 巽他或馬來語族的一部分移民組成菲律賓南部，印尼，馬來西亞，馬達加斯加和亞洲大陸的一些族群。
2. Taiwanese-Polynesian集團組成了臺灣，菲律賓北部，波里尼西亞，密克羅尼西亞和中國南方的族群。

當然這些假說還需進一步的研究與驗證。

結論

根據以上幾種假說，和近年一些應用DNA的研究發現臺灣原住民和南島語族的基因有大陸族群的成分，同時也有中南半島、澳洲和太平洋島嶼族群的成分。以此推論，台灣原住民可能來自大陸和海洋兩方面。

第六章　臺灣海峽黑潮、風浪與渡海問題

有一種傳言說臺灣海峽的黑潮十分可怕，是以造成渡過臺灣海峽極大的危險，自古以來阻擋了閩南、客家人渡海去臺的意願。但這種說法是缺乏實踐與科學根據的。事實上任何的海上和江河航行都是有其風險性的，關鍵在於航行者必須識水性，瞭解該水域的水潮、風浪與氣候變化。

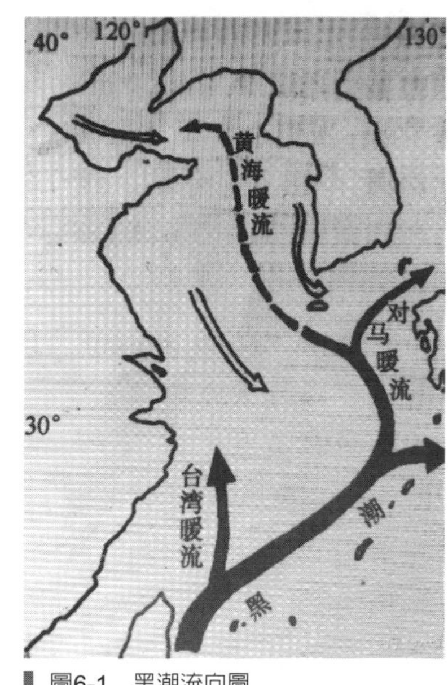

圖6-1　黑潮流向圖

在北太平洋西部海域，有一股強勁的海流猶如一條巨大的江河，從南向北，滾滾向前，晝夜不息地流淌著，它就是黑

潮。黑潮由北赤道發源，經菲律賓，緊貼中國臺灣東部進入東海，然後經琉球群島，沿日本列島的南部流去，於東經142°、北緯35°附近海域結束行程。其中在琉球群島附近，黑潮分出一支來到中國的黃海和渤海。位於渤海的秦皇島港冬季不封凍，就是受這股暖流的影響。它的主支向東，一直可追蹤到東經160°；還有一支先向東北，與親潮（亦稱千島寒流）匯合後轉而向東。黑潮的總行程有6000公里。

是以黑潮的主流經過臺灣東面的太平洋，而支流則經過臺灣海峽向北而流。但臺灣海峽的洋流並非只受黑潮影響，另外也受到其他沿岸海流和季風的影響。臺灣海峽季風交替明顯，10月至翌年3月多東北季風，風力達4~5級，有時6級以上；5~9月多西南季風，風力3級左右。7~9月多熱帶氣旋，每年受熱帶風暴和颱風影響平均5~6次，中心通過平均2次。陰雨天較多，但降水量較兩岸少，年降水量800~1500毫米。

海流為北上的黑潮西分支和南海流及南下的浙閩沿岸流所控制，並受季風影響。夏季沿岸流停止南下，整個海峽為西南季風流和黑潮西分支結合的東北流，流速一般0.6節，澎湖水道達2.3節。冬季受東北季風影響的沿岸流南下，西部和中部為西南流，流速約0.5節；東部的東北流減弱，當東北風強勁時，表層甚至改變為西南流。

由上述可知，台灣海峽的表層（海面）海流在夏季為東北向，而在冬季，大部分變成西南向。臺灣以往有句俗語：「二八月過海」。意思是一般以陰曆二月（陽曆三、四月）和八月（陽曆九、十月）及其前後換風時際，風浪較緩和，是渡海最好的時間。只要瞭解臺灣黑潮走向與季風的變化，渡海就可免於風險。

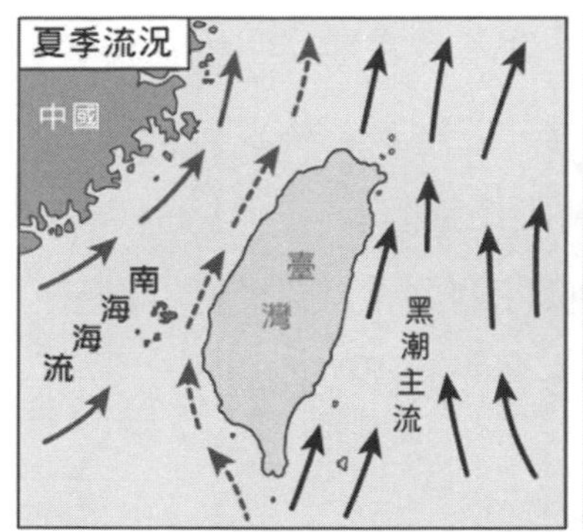

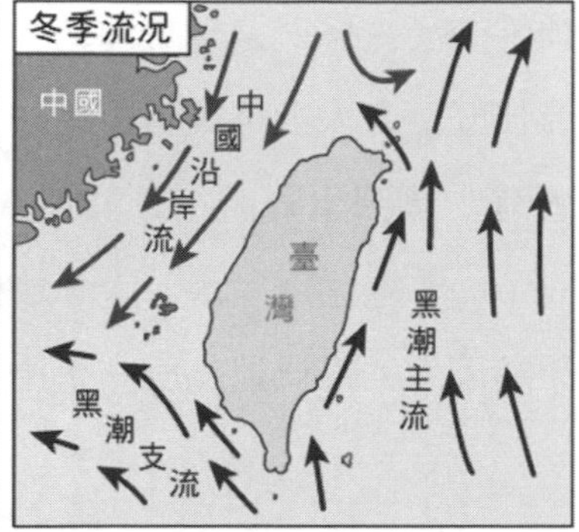

圖6-2　臺灣海峽夏季、冬季海表面流向圖
交通部中央氣象局 海流全書下載 https://tinyurl.com/3s3kaj6u

第七章　為什麼臺灣文明發展較晚

鄰近中國大陸的琉球、菲律賓、婆羅洲等海島，具規模性的漢人移民遠較臺灣為早，也導致當地文明發展較早。為什麼漢人大批移民臺灣遲緩？這是個很有意義的問題。論者有「黑潮阻隔說」、「臺灣山川險阻說」、「瘧疾襲人說」、「地乏奇貨說」、「中國閉關自守、海禁說」等等，爭論不息。愚見以為應該是由多種因素綜合造成。

黑潮阻隔說

關於黑潮阻隔渡過臺灣海峽的問題，本書第六章已討論過臺海的海潮、季風、颱風等現象。要面對這許多問題，渡海當然會有風險。但如果從累積經驗，瞭解並掌握台灣海峽海潮與季風的變化，黑潮並不足以阻隔渡海航行。在歷史上，孫權、隋煬帝、顏思齊、鄭成功、施琅都曾派遣或親率大軍順利渡海，閩南、客家百姓大批渡海去臺，均說明在特定的季節渡海，還是不成問題的。

山川險阻說

臺灣大部分為山巒覆蓋，西海岸有些平原，但也有許多河流阻隔，是以造成原住民的部落分散，難以像琉球一樣較早就形成具規模的王國組織。各部落為了自求發展和防禦敵人，互相爭戰，也養成強悍戰鬥、各自為政的風尚。外來的移民，除了像孫權、隋煬帝及顏思齊、鄭芝龍等具有相當規模的組織和武力，均很難抵禦原住民部落的攻擊，得以生存、發展。這種情況也曾發生於北美早期在維吉尼亞州的移民。這種地理和原住民社會狀況增加了移民的困難。

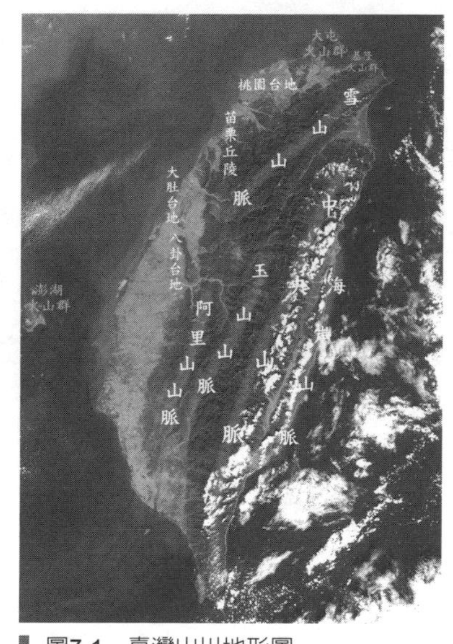

▌圖7-1　臺灣山川地形圖
Jason22 https://tinyurl.com/mns8yc2r

地乏奇貨說

「臺灣地乏奇貨」一說，最先出自鄭和，他在

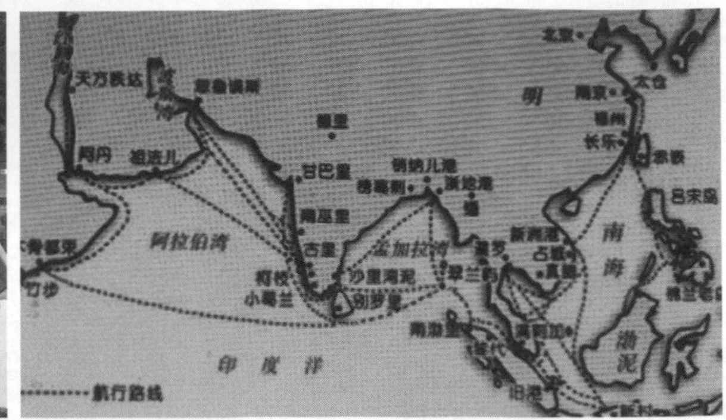

▌（左）圖7-2　鄭和像

CC BY-SA 4.0, Marcin Konsek, https://tinyurl.com/265rk736

▌（右）圖7-3　鄭和航海圖

七次航海下西洋時，經過臺灣都沒有停留、登陸，主要是認為到臺灣無利可圖。因為當時臺灣的原住民基本上還是以漁獵為主的原始社會，農產品和工藝品都很少，沒有可觀的貿易機會。事實上這是沒有經過實踐的錯誤觀點。臺灣山高林深，氣候適中，怎麼會沒有物產？後來荷蘭人首先就看出臺灣到處是野鹿，鹿皮成為荷蘭人最先掠取的目標，其後隨著殖民的過程，才把臺灣的資源逐步開發。

瘧疾襲人說

根據現代醫學病理學家的研究，臺灣的氣候是世界上最適於蚊子生長的地區之一，是以過去臺灣是世界上瘧疾病患最嚴重的地區之一，孫權派去臺灣的士兵因為疾病死去了十分之八、九。同樣的問題其後在德川家康派兵侵略臺灣、鄭成功收復臺灣、牡丹事件日本侵臺，特別是1895年，馬關條約清朝割讓臺灣給日本後，日本派遣七萬多軍隊攻佔臺灣，在半年之內，戰死僅三百多人，卻有七千人死於疾病。因此推斷這諸次事件都應該是由於臺灣的瘧疾造成。臺灣的原住民世代生息於此，產生了對瘧疾的抗體，而外來的人缺乏這種抗體，染病與死亡的可能性很高。這就造成新移民生存、立足的重大障礙之一。

閉關自守、海禁說

綜觀臺灣原住民到明代晚期還處於原始社會階段，以漁獵及較原始的農耕為生。分散為許多部落，互不往來，沒能形成較大，具有國家規模的政治組織。雖然大陸百姓與臺灣人民一直有貿易、經商、漁業來往，也以臺灣為航行的中途站；南宋及元代也在澎湖設置統治機構，只惜明初朱元璋開始頒佈禁海令，放棄進一步對臺灣的交流、經營與開發，延緩了臺灣的進步。直到明代中晚期才迎來了西方殖民主義的東進，也激發了大陸沿海漢人移民臺灣。

明初的禁海令阻礙了民間與臺灣的來往，百餘年後西力東漸，葡萄牙人、西班牙人、荷蘭人的商船、戰艦橫行遠東海域，中國、日本的海盜亦商亦盜，與明朝政府抗衡，也與西方船艦通商、戰鬥。在大航海時代，中國與西方大部分的貿易、文化交流的歷史任務由於明政府海禁，只得由民間、海盜承擔了！

圖7-4 實行海禁的朱元璋

臺灣地理位置突出，居於遠東航道要衝，自然成為眾所矚目，競爭所在。十七世紀初，明末之際，臺灣才開始出現了顏思齊和鄭芝龍、荷蘭人、西班牙人三個強大的外來勢力，也帶來臺灣文明的曙光。

第八章　臺灣移民早期的聚落與城市

北港

圖8-1　北港鎮與北港溪

林道乾、林鳳於十六世紀中葉屯居北港。北港原稱魍港、笨港，水道迂迴，易於迴避官兵，成為先民入墾臺灣渡口之一。《明史・雞籠山》載：

> 雞籠山（註：指臺灣）在彭湖嶼東北，又名東番，……嘉靖末，倭寇擾閩，大將戚繼光敗之。倭逃遁居於此，其黨林道乾從之。……而雞籠遭倭寇焚掠，國遂殘破，……稍稍避居山後。忽中國漁舟從魍港飄至，遂往來通販，已為常。

林道乾於1566年聚眾三千、巨艦五十餘艘前往魍港（今北港）屯居，作為根據地（窟穴）。而另一位海盜首領林鳳，也於萬曆元年（1573年）經澎湖前往魍港駐紮。

袁進、李忠、林辛老也在17世紀初去過臺灣。十六世紀中葉開始，魍港已是海商，海盜以及漁民屯居、與原住民貿易的地點和海港。漢人主要以布，鹽，銅簪，瓷器，瑪瑙與原住民交換鹿皮，鹿肉，魚及藤等物品。

顏鄭集團移民北港

顏思齊和鄭芝龍原在日本做對中國、呂宋、東南亞的貿易，亦商亦盜，後於天啟元年（1621年，根據連橫《臺灣通史》，亦有一說謂天啟四年）率眾到臺灣魍港，進行大規模、有組織的拓墾。當時臺灣已有不少由福建泉州、漳州遷來的漢人，許多人趁此投奔顏鄭集團，顏鄭勢力逐漸強大。

天啟二年（1622年），顏思齊去世，鄭芝龍繼承領導，劫富濟貧，安置大陸移民開拓魍港鄰近地區（今雲林、嘉義），深得人心，歸附者日眾，有萬餘黨徒、數千船艦，縱橫東南海上，與荷蘭人、西班牙人時戰時和。1628年，鄭芝龍就撫於明政府，實力更為壯大。

崇禎初年（1628-1631年），福建旱災嚴重，鄭芝龍得到明政府的支援，招募到三萬閩南難民到臺灣，給予耕牛、農具、粟、稻，令其墾荒。這個有組織、有計畫的移民，其規模非常可觀，對開啟臺灣的文明起了極重要的作用。

可惜到了1645年，清兵南下，鄭芝龍原在福州擁立唐王，次年歸順清朝，被軟禁北京。鄭芝龍離開福建後，臺灣餘眾瓦解，其開墾基業終被荷蘭人接收。

北港朝天宮與義民廟

康熙三十三年（1694年）樹璧和尚自湄洲，奉請媽祖赴臺傳香，笨港始建「笨港天妃廟」，即今「北港朝天宮」。

不久靈氣遠播，至道光年即有詩人讚稱「北港靈祠冠闔臺」。商業上，笨港因依畔笨港溪而興起，康熙年諸羅縣誌即記稱：「笨港街、臺屬街市，此為最大」，乾隆年府志更記稱：「笨港街、俗稱小臺灣。」，除此之外也有「一府二笨」、「一府二笨三鹿港」之說。清治臺，民變不斷，多次波及「笨港」，因林爽文事變而建「旌義亭」。同治年戴萬生之變殉難人士亦合祀於「旌義亭」，並改稱「義民廟」。

臺南

荷蘭殖民時期

　　十六世紀後期，荷蘭人繼葡萄牙、西班牙人之後稱霸海上。他們於1598年來到遠東，1602年在巴達維亞（今雅加達）設立荷蘭印度公司，並佔據印尼，積極準備展開對中國、日本的貿易。1604年，荷蘭船艦進駐澎湖，被明朝沈有容率福建水師擊退。1609年，荷蘭艦隊抵達日本平戶，開始對日通商。1622年夏，荷蘭艦隊登陸澳門，欲從葡萄牙人手中奪取澳門以為在中國通商的據點，但遭到葡萄牙守軍痛擊，以失敗告終。遂轉而再度入侵澎湖，派人向福建當局談判要求互市不果，經過七個多月的戰鬥，荷蘭兵力不足，只得於1624年9月轉而入侵臺灣南部，在一鯤身大員（今安平）建熱蘭遮城（紅毛城）作為佔據臺灣的首府城堡。接著又在城堡東方，分別興建了「臺灣街」（於今延平街一帶）和「普羅民遮街」（今民權路）。前者因為歷史久遠，又曾是一條繁盛的商業街，故素有「臺灣第一街」之稱。至於後者，則是臺灣第一條有計畫興建的歐式街道。次年在赤崁（今臺南市）修建普羅文迪雅樓（赤崁樓），設立倉庫、商館、醫院，作為貿易基地，並邀請中國商人移民居住。

圖8-2　台南赤崁樓

CC BY-SA 3.0, Uwe Aranas, https://tinyurl.com/xw49a5hx

建立熱蘭遮與赤崁後，荷蘭人繼續征服附近的原住民，擴大其佔領區，逐步將勢力發展到北至諸羅（今嘉義），南到阿猴（今屏東）的臺灣南部領土。1642年，荷蘭人驅逐盤踞臺灣北部的西班牙人；1646年，鄭芝龍被清朝挾往北京，其臺灣餘眾瓦解，開墾基業被荷蘭人接收。至此，荷蘭殖民最盛時期佔據臺灣西部沿海平原，統治315社，估計當時臺灣的人口，原住民為約十萬，移民來的漢人約四、五萬。而駐守臺灣的荷蘭兵士一般僅一千餘人，最多也只很短時間內從巴達維亞調兵，使駐臺總人數高達三千五百人。

荷蘭人殖民臺灣，以土地為其國王所有，實行「王田制」，漢族及原住民的農民成為荷蘭印度公司的佃農。並不斷招募大陸移民來台墾荒，按「甲」（如今猶使用的土地面積單位）繳納租稅。當時臺灣漢族移民務農的主要農產品是稻米和蔗糖，荷蘭人獲得這些農產品，將蔗糖輸往日本，稻米輸往大陸，奠定了臺灣農業的兩大主要基業。

荷蘭人要求原住民各社推舉長老（頭目），聽荷蘭人命令處理事務，並向荷蘭派駐的政務官報告社中情況。每年召集各社長老到赤崁開會，詢問政績，宣布命令。在各地設教堂、學校，籠絡、教化原住民；用舶來的布匹、鹽、煙草等換取原住民的狩獵和農業產品，將鹿角、鹿脯、藤等輸往大陸，鹿皮輸往日本。荷蘭人以得到的農業、狩獵產品進行出口貿易。從中國、荷蘭及其他南洋地區輸入大宗日用品，同時也以臺灣為中轉站進行貿易。這樣使得臺灣的農業和貿易取得相當的發展，臺灣已不再是「地乏奇貨」的狀況。值得一提的乃是荷蘭人從印度運到臺灣大量的鴉片，轉銷福建、廣東，獲取暴利。這比十九世紀鴉片戰爭前英國人向中國販賣鴉片要早了好幾百年。

明鄭時期

1661年4月，鄭成功在任職荷蘭通事之漢人何斌的引導下，通過鹿耳門港道，越渡臺江內海，首先攻下普羅民遮城。之後，鄭氏立刻改普羅民遮城為東都明京，設承天府，並頒布諭告：「東都明京，開國立家，可為萬世不拔基業」，設一府二縣。鄭成功圍攻熱蘭遮城9個月以後，荷蘭人終於投降，結束了荷蘭在臺灣38年的佔據歲月。荷蘭人投降以後，鄭成功改熱蘭遮城為安平鎮，做為鄭氏府第；已改名為東都承天府的普羅民遮城，則是做為全島最高行政機構。然而不到半年，鄭成功即不幸因病逝世。世子鄭經即位之後不久，在1664年廢東都。在承天府裁廢後，赤崁樓便成為儲藏火藥的場所。

清朝時期

清康熙22年（1683年），清朝攻取臺灣，明鄭滅亡。稍後在臺南設臺灣府，在首任巡撫劉銘傳將省會北遷之前，臺南一直是全臺首府。享有「一府二鹿三艋舺」之名。取臺灣後，改明鄭的承天府為臺灣府。清康熙23年，清廷頒布渡台禁令，僅准漳泉地區做有限度的移民。

到了乾隆年間，渡臺禁令已形同虛文，於是大量漢移民湧入，臺南市亦由原漢混居漸漸成為漢人城市，原住民不是漢化就是遷居他處。乾嘉年間，府城三大商業貿易組織「三郊」的興起、壯大，為臺南之黃金時期。

清代後期起，昔日舟楫不絕的臺江海岸，因發生大風雨，大量河沙注入臺江內海，千里汪洋盡成海埔新生地。臺南地勢改變，海沈陸浮，港口消失，使臺南漸失海運地位。同治3年（1864年），安平海關建造完成，並正式開港，英商於安平設德記、和記洋行，隔年另開雞籠、打狗兩港，而有正、副港之稱。

光緒元年（1875年）在北部增置臺北府、原臺灣府改稱臺南府，失去全臺唯一政治中心的地位；光緒11年，臺灣建省，省治初設今臺中一帶，稍後改於臺北，臺南由全島中心成為區域中心。

臺灣北部：基隆－淡水－臺北

西班牙人佔領臺灣北部

西班牙人從哥倫布於1492年發現新大陸開始，其殖民的重心在南、北美洲。麥哲倫在環航世界時於1521年到了菲律賓，不幸在那裡被土著殺死，而其手下繼續航行完成壯舉。五十年後，西班牙人正式殖民菲律賓，積極發展對中國、日本的貿易。臺灣居於菲律賓前往中、日的航道中，西班牙人多次圖謀在臺灣設立據點，但荷蘭人捷足先登，1624年佔領臺灣南部，西班牙人感到威脅，遂於1626年從馬尼拉出發，沿臺灣東部海岸向北航行，經三貂角，佔領雞籠嶼（今和平島），築城堡，設炮臺，派兵防守。1631年佔領臺灣西北角的滬尾（今淡水），次年沿淡水河進入臺北盆地，又進佔蛤仔難（今宜蘭），盤踞整個臺灣北部沿海地區。

西班牙人以雞籠為馬尼拉與中國通商的轉口中心，但受到鄭芝龍的抵制，商務進展有限；在對日本的貿易上也被荷蘭人阻止。另外西班牙人在臺灣北部侵犯原住民生活，一再受到原住民的反抗。當時菲律賓的穆斯林教徒反抗西班牙殖民統治，西班牙缺乏人力、財力鎮壓暴動，遂主動放棄淡水據點並調遣部分雞籠駐軍回馬尼拉。

荷蘭人得知西班牙人忙於鎮壓菲律賓暴動，無法兼顧臺灣，遂於1642年進攻雞籠。西班牙守軍無力抵抗，只得投降，結束了在臺灣北部16年的盤踞。形格勢禁，使得西班牙人在臺灣建樹不多，除了建天主教堂，派神父向原住民傳教外，也沒有設置行政機構。特別是西班牙人雖進入臺北盆地，但沒有在那裡設立機構，也沒有對臺北盆地的農業推動發展。

基隆

基隆古稱「雞籠」，因海濱的和平島狀似「雞籠」而得名。17世紀時，西班牙人和荷蘭人曾先後佔領過基隆，並以「大雞籠嶼」（今和平島）為基地殖民臺灣北部，為雞籠開發之始。之後，鄭氏王朝在南臺灣打敗荷蘭人之後，也於1668年揮軍北上，將殘餘駐守在雞籠的荷蘭人驅離，至今在和平島還有荷蘭人臨走前所留下的「蕃字洞」遺跡。

清代，雞籠大部分地區仍為未開發之地，直到1723年，來自福建漳州的移民開始進入雞籠，並興建崁仔頂街，此乃今日基隆市街創建之始，之後逐漸有漢人移民移入開墾。19

圖8-3 基隆港
CC BY-SA 3.0, Bigmorr, https://tinyurl.com/szhy43x6

世紀西方列強東來後，美國海軍調查到雞籠擁有豐富的煤礦層及優良港灣，建議美國政府派軍佔領未果。鴉片戰爭時也有英國軍艦前來叩關；在英法聯軍之役之後的1863年，雞籠終於隨著臺灣開港而開放為貿易港。

1867年12月18日發生臺灣史上罕見的嚴重海嘯，數百人被沖走喪生。1875年，雞籠正式設治，並取「基地昌隆」之意改名為基隆。清光緒十年（1884年），中法戰爭臺灣戰事（俗稱西仔反）爆發，法國軍隊曾多次攻佔基隆以作為封鎖大陸的跳板。

中法戰爭結束後，臺灣於1885年建省，由同治中興名將劉銘傳擔任首位巡撫。當時因淡水港逐漸淤塞，劉銘傳計畫將港灣形勢優越但交通不便的基隆作為臺灣北部的主要門戶，以基隆為臺灣鐵路起點、著手於基隆港興築港口設施，並積極整頓臺灣，但其計畫因甲午戰爭爆發而未能完全實行。

淡水

淡水河口一帶之海岸是東南亞海路的中途站，大屯山又是極好的航途指標，因此七千年來淡水一直有人類居住。此地早期人群以部落形式過著漁獵、放耕的生活。於淡水一帶可考察到之原住民族，皆屬居住於臺北一帶的凱達格蘭平埔族，古代中國和日本的船隻，經常停泊淡水，與他們從事貿易。

圖8-4　淡水紅毛城
CC BY-SA 3.0, Husky221, https://tinyurl.com/4bd9zynp

16世紀起，西方的海權強國開始逐鹿亞洲。臺灣優越的地理位置，更是引起他們的注意。西班牙人為了確保菲律賓的經營，並為了和荷、英、葡對抗，最先佔領北臺灣，並在1628年建造「聖多明哥城」（San Domingo），即今日的紅毛城。1642年，佔領臺灣南部的荷蘭人北上，驅逐西人並重新築城。他們除了鎮撫平埔族，也招聚漢人來此拓墾，並致力於硫磺、鹿皮及土產的運銷，更利用淡水為港口和中國商人進行貿易。

1661年，鄭成功渡海東征，驅逐南台灣的荷蘭人，淡水也歸於明鄭。此後，淡水除了原有「漢番交易」之外，漢人已漸漸到此從事拓墾，直到鄭氏降清。淡水因與中國大陸較近，本身又為良港，「滬尾」由漁村逐漸成為街莊和通商港口。

淡水開港

西元1858年天津條約簽訂後，淡水正式開港。所有外國船隻來臺灣後只能限定到通商口岸進行貿易，在其他口岸交易者一律視為走私。1862年，淡水正式開始徵收關稅。1863年，英國為了避免原本已經在雞籠（今為基隆）活動的商船被視為走私，便要求另開雞籠為淡水的外口，清廷也認為在雞籠增設海關有助於稅收，從此專案以後，淡水和雞籠便成為外國商人雲集之地。茶、樟腦、硫磺、煤、染料等土產的輸出和鴉片、日常用品的進口，不但使淡水成為全臺灣最大的貿易港，也讓淡水躍升國際舞臺。不僅英國人在紅毛城設領事館，各國洋行也都到淡水設行貿易，淡水因此進入黃金時代。淡水不但在貿易上獨佔鰲頭，也成為西方文化登陸臺灣的門戶。

臺北盆地

漢族移民開發臺北盆地

臺灣的開發始自南部，而如今的臺北開發較晚。臺北盆地四面環山，大部分原為沼澤、溼地，僅由淡水河與海聯通。原為平埔族（凱達格蘭族）聚居的地方。沖積平原土地肥沃，兼有交通、飲水、灌溉之便，最適於耕種、屯聚。人類的四大文明發祥地：兩河流域、尼羅河流域、黃河流域、印度河（或恆河）流域，都是沖積平原。因之臺北盆地沖積平原乃是臺灣最佳農業、文化、經濟發展地區。

泉州陳賴章三姓墾號

早在荷蘭人據臺之時，就有一些福建泉州的晉江、南安、惠安三邑漢人渡海，沿淡水河航行，在如今萬華與平埔族原住民互市。荷蘭人稱該地為Handelsplats，意為交易場所。其後漢人過海來到艋舺搭建茅舍聚為村落，以賣蕃薯為生，時稱「蕃薯市」；同時與平埔族交易，以農具、鐵器、醫藥換取皮毛、農產、水果等。當時平埔族多以獨木舟往來；平埔族人稱「獨木舟」為「Vanka/Banka」，泉州人的閩南語譯音稱此地為「艋舺」（Bangkah），艋舺遂成為臺北盆地最早的漢人與平埔族雜居之處。

清康熙四十六年（1709年），閩南泉州陳賴章三姓墾號來到臺北墾荒，開啟了漢人開墾臺北盆地的風潮。陳賴章三姓墾號是泉州人：陳天章、陳逢春、賴永和、陳憲伯、戴天樞，為了合股墾開臺北而成立的集團。他們原為福建泉州三邑與同安人，後移民到臺灣南部嘉義地區墾荒。因18世紀初台灣南部地區人口漸多，可耕田地漸少，加上1705年至1708年連續三年的饑荒，他們以該墾號名義向臺灣府諸羅縣官府申請開墾大加蚋的土地開墾。官方給予批准，希望藉由該墾號的拓墾，增加臺灣糧食的產量，並供應福建的缺糧。所申請的大加蚋墾荒地區包含艋舺、錫口（今松山）、大龍峒、大稻埕、秀朗、八里、興直山腳（今新莊）等約一百平方公里的土地，而以艋舺為主要開墾區域。因此臺北的開發是由艋舺開始。

根據日本人1898年繪製的「臺灣堡圖」，艋舺的範圍北至忠孝西路，東至中華路一段（臺北城西城牆），西至淡水河，南至三水街。現代一般人將三水街以南至縱貫鐵路（萬華車站）之間也當作艋舺的一部分，但是三水街以南至大排水溝（西藏路）的地段是下崁莊。而忠孝西路以南至成都路的地段本屬艋舺，現代一般人卻視為「西門町」。

漢人移民與原住民的糾紛與融合

1723年，朱一貴民變平息後，巡臺禦史吳達禮報請朝廷增設淡水廳管轄大甲溪以北獲准，臺北盆地因此首度納入漢人行政體系。不過，臺北此時仍多屬平埔族所聚居的「蕃境」，為避免糾紛，清政府嚴格禁止中國大陸移民逕自開墾。但臺北盆地尚有廣大的平原有待開墾，大批漢人移民不顧禁令陸續進入臺北墾荒。

1742年至1749年間，泉州人開墾木柵與少數客家人的持續開墾拳山。數波移民潮除了引發不少漢人與原住民爭地、搶水的衝突，但也促成大量漢人男子與平埔族女子通婚，進而間接加速平埔族的漢化。該漢化趨勢，於1765年設立理番同知官衙後最為顯著，在鼓勵原住民族漢化的政策下，一年內包含臺北在內的臺灣漢化熟蕃所屬平埔族達93社，歸化的生番200社以上。

三邑、安溪、同安大批移民艋舺

艋舺因港商之利，眾多泉州人移民至此定居，到了清雍正元年（1723年），繼三邑人之後，泉州安溪、同安兩地的人也成群結隊來到艋舺。因初期不准攜眷來臺，移民乃與當

圖8-5　臺北艋舺淡水河堤及碼頭

地平埔族通婚，後人口大增，艋舺因而趨於興盛。三邑、安溪、同安移民形成各自為政的三個群體。

三邑人建立了青山王館等廟宇以凝聚團結，並以祭祀觀音菩薩的龍山寺為行政中心；安溪人則建立主祀清水祖師的祖師廟為信仰核心；同安移民則在八甲莊祭祀民宅中的霞海城隍神龕。

早在1759年，原艋舺增設都司，不過仍歸設於新竹的淡水廳所管轄。1811年，原本設置於新莊的縣丞機關移至艋舺，並隨後設立臺灣艋舺營。1825年，艋舺營主官從遊擊升格為參將。此外，也設置固定駐兵於艋舺的臺北營制。除了官方廳署漸漸轉移至臺北艋舺外，艋舺的移民速度與開墾速度也頗為驚人。位於臺北盆地中心的艋舺，背臨平原，經過水利系統不斷地開展，形成物產豐饒的廣大腹地，而人口增加也使各種需求快速擴張，促進了艋舺的商業發展，盛極一時。據姚瑩所著《臺北道里記》記載，光是艋舺一地就「居民鋪戶四五千家」，遂有「一府二鹿三艋舺」的說法，表示臺北艋舺已是全臺灣第三大城市，且是臺灣北部的商業、文化中心。

三邑、同安、安溪人的械鬥與大稻埕、大龍峒的興起

清文宗咸豐三年（1853年），三邑人為了爭奪艋舺港口的泊船權利，以龍山寺為基地，攻擊八甲莊（今老松國小）的同安人，但無法越過沼澤，後來竟然燒毀安溪人信奉的艋舺清水祖師廟，以便借道偷襲八甲莊，同安人死傷無算，房屋全數焚毀，三邑人獲得械鬥的勝利，史稱「頂下郊拚」。

同安人不得不將信仰的霞海城隍與整個宗族舉家從艋舺遷徙至數公里遠的大稻埕。於是大稻埕逐漸得到發展，與艋舺共同成為臺北市的兩大聚落。許多安溪人也隨之遷移到大稻埕。1860年以後，艋舺港口因河沙淤積，船隻多改停大稻埕。大稻埕遂成為北臺灣的商貿中心。

泉州同安人除了開發大稻埕之外，還有大龍峒。大龍峒又稱為「大隆同」，舊稱大浪泵，源於平埔族凱達格蘭族「大浪泵」社的閩南語譯音。18世紀時，大浪泵社全境皆為平埔族人所聚居，並無漢人。1802年，泉州同安人王元記、王智記、陳蘭記、陳陞記、高明德、鄭西源等六戶，在此開設44間瓦店，因而形成俗稱四十四崁的街道，該街道取其原「大浪泵」地名閩南語諧音於隘門街坊，題名為「大隆

同」，希望能「大為興隆同安」。一般來說，大龍峒發展雖然不如大稻埕，但仍以文教功能聞名。

客家人開墾臺北受挫

1729年，廣東客家人簡岳率其族人至拳山開墾，與當地凱達格蘭族發生糾紛，造成數百漢人死亡，全族盡滅。清政府乃重申臺北為蕃界的的禁令，並不論生蕃、熟蕃，皆與漢人勒石分界。其屬地如有「奸民偷越蕃境、抽取藤條、捕殺山鹿、私運者」，主管的地方官員都會受到降級調用及罰俸的連坐處分。不過此一禁令依舊無法阻擋沿淡水河登岸的許多移民。而為了管理移居臺北的漢人，淡水廳於1731年在八里設置巡檢司，其範圍包含已有相當多漢人居住的干豆門（關渡）、北投和南港。

漢人逐漸沿河向中上游發展

漢人自淡水河口逐漸向大科崁溪、基隆河、新店溪、景美溪幾條河流的中上游發展，除了艋舺、大稻埕、大龍峒之外，福建移民先後在臺北盆地沿河的板橋、新莊、三峽、大溪、公館、景美（梘尾）、士林、木柵、新店、石碇、深坑、松山（錫口）、汐止等地陸續建立聚落、城鎮。上游河港景美、大溪等將茶、煤、樟腦等物產集結，中游河港艋舺、大稻埕則負責集散轉運工作，淡水（滬尾）港則將大陸來的生活用品輸往臺北盆地，並將茶、煤、樟腦等運往大陸。

郭錫瑠首率漳州人來臺北盆地墾荒

1740年，繼泉州人之後，同樣來自福建的漳州府人，首次大舉移民至臺灣。在郭錫瑠的領導之下（請見《興臺之圳》，卜一），漳州人首度進駐臺北松山一帶，並引新店溪水興建可供灌溉景美、公館，甚至松山的瑠公圳。由於瑠公圳的成功開鑿，讓漳州人的開墾速度加快不少。這階段，除了水利之便造成的移民與開發外，臺北市地區尚有1741年漳州府移民何士蘭的開墾內湖（巴賽族的里族社）和士林（八芝蘭—Pattsiran，為平埔族語「溫泉」之意）。

漳州、泉州移民械鬥

清朝時期的臺北漢人村莊，多為泉州、漳州兩大移民族群。分佈地點大抵為艋舺、大稻埕、大龍峒和士林四地。這裡面，漳泉兩地雖同源自福建，語言、風俗接近，但數百年來，該兩府就常因各種利益與宗教信仰發生衝突，而兩族群的衝突，即使移民到臺灣後，依舊非常激烈。漳州人與泉州人武力衝突的理由十分複雜，但是基本上不脫利益衝突的性質。

這些衝突包括：先來後到的土地分配衝突、灌溉水源爭奪、爭取墾地與建屋蓋廟爭議等。加上當時清朝官府控制力薄弱，無法禁絕遏止，民風強悍與羅漢腳人數過多等原因，漳泉械鬥時有所聞。多次漳泉械鬥當中，又以1859年的械鬥最為激烈，不但造成漳州人八芝蘭（今士林）村莊全燬，退居芝山岩避難，也導致後來八芝蘭地區的重建。不過也由於此次爭鬥過於慘烈，兩幫人馬所屬地域的士紳最終出面調停，漳泉檯面上的爭鬥至此才告一段落。

嘉義

嘉義地處嘉南平原，包括現在的嘉義市及嘉義縣，舊名「諸羅」，出自此地原住民洪雅族聚居地名。嘉義是臺灣在台南一帶之外最早獲得漢人、荷蘭人開墾的地區。近代後期，嘉義地區在日據時期曾是臺灣人口密度較高的地區，也因其地理位置成為臺灣林業的中心地。戰後嘉義市是臺灣九

▌圖8-6　嘉義火車站
CC BY-SA 4.0, Foxy1219, https://tinyurl.com/464zujjv

個省轄市之一，是中南部地區僅次於高雄、臺南的第三大城市。而嘉義縣則是臺灣重要的農業區之一。

史前時期至明鄭時期

在漢人進入臺灣之前，嘉義地區是原住民鄒族、洪雅族的活動地區。嘉義的舊名「諸羅」一說就是來自於洪雅族社名之譯音，荷蘭人稱之為「Tirosen」（或為Tirocen、Tiracen社）。十七世紀初，荷蘭人和漢人開始進出嘉義地區。1621年，原籍福建漳州的海盜顏思齊率移民自笨港登陸，開始了漢人開墾嘉義的歷史。笨港原為洪雅族棲息地。漢人開墾之後這裡成為臺灣漢人較大的聚居地之一。

與此同時，荷蘭人也自臺南北上安撫了嘉義一帶的平埔族，並開始在嘉義地區經營，現在嘉義市內的紅毛埤（今蘭潭水庫）的歷史就可追溯至荷蘭時代。明鄭政權成立之後，嘉義地區隸屬天興縣，是明鄭政權的有效統治範圍之內。

清代

清朝攻佔台灣之後，在康熙二十三年（1684年）設置臺灣府，分為三縣，將天興縣北部分出諸羅縣，嘉義地區大部被劃入諸羅縣。康熙四十三年（1704年），諸羅縣治自佳里興遷至諸羅山（即今嘉義市），諸羅知縣宋永清以木柵為城，開啟嘉義建城之始。乾隆五十一年（1786年），林爽文掀起反清之役。林爽文雖然圍攻諸羅城長達十個月，卻因當時諸羅縣軍民堅守城池而未能成功。林爽文事件之後，乾隆「嘉其死守城池之忠義」，改「諸羅」名為「嘉義」，此乃嘉義地名之始。而諸羅縣城也自此之後改建土城。光緒年間，嘉義知縣單瑞龍又改以磚石砌城，而後又有王得祿義捐整建城垣，並修築月城及炮窩。光緒十一年（1885年），臺灣正式建省，全臺為三府一直隸州十一縣三廳，嘉義縣屬於臺南府，縣治仍設於嘉義市。

鹿港

鹿港現為彰化縣的一個鎮，西面靠臺灣海峽，面積39.46平方公里，人口8.5萬人。鹿港名稱的由來一說是因為荷蘭時代此港口輸出大量的鹿皮而得名。因臺灣中部昔日多鹿，鹿港為鹿群經常聚集之地，從荷蘭據臺至清初，鹿群遍

圖8-7　鹿港老街
CC BY-SA 4.0, 林高志, https://tinyurl.com/558y6w3w

佈，鹿皮的買賣非常興盛，故漢人便稱此地為鹿仔港（此說較受普遍認同）。也有一說是因地形似鹿，故名為鹿仔港。第三種說法是平埔族語Rokau－an之閩南語音譯，但此語原意已經不明。

在早期漢人移民未大量遷入之時，鹿港為平埔族之巴布薩族（Babuza）的居住地，當時屬馬芝遴社，其住民過著較原始的生活。在史籍中，鹿仔港之地名首見於清康熙34年（1695年）高拱乾所修之臺灣府志卷四武備志：「臺灣水師左營……一分防鹿仔港，系報部本營官兵輪防……。」

而鹿仔港被首稱為「鹿港」則見於清乾隆48年（1783年），福建將軍永德奏設正口，曰：「至北路諸羅彰化等屬，則由鹿港出洋。」次年（乾隆49年、西元1784年），鹿港開始和福建泉州蚶江對渡直航之後，貿易更為頻繁，也造就鹿港的鼎盛繁榮，曾經是臺灣的第二大城鎮。

光緒年間，因港口漸漸淤塞，航運漸被鹿港街西方4公里處之沖西港替代。日據初期（1895年），鹿港曾一度又稱沖西港。現尚留下鹿港老街等古跡。

高雄

部落分治時期

史前到17世紀初荷蘭人入侵臺灣以前，高雄平原是原住民馬卡道族的居住地，散布有大傑巔社、阿猴社、放索社、打狗社等部落。丘陵及山地則為鄒族、排灣族、布農族、魯凱族等族群的遊獵地帶。後有明朝海盜與日本海盜至臺灣沿海作為據點。

圖8-8　高雄港
CC BY-SA 3.0, CEphoto, Uwe Aranas, https://tinyurl.com/4j78p6e

荷治時期

1624年，荷蘭人登陸臺灣，在臺南安平建立熱蘭遮城，並於1635年前後經耶誕節之役擊敗位於今日岡山一帶的平埔原住民塔加里揚社（Taccariang）。當時打狗（今高雄）已成為漁港，沿海漁民移居者漸多，在漁場附近建立漁寮後，漸漸發展成漁村，據此可知，打狗在當時已經成為臺灣南部的重要漁港，並且時有商船出入貿易。

明鄭時期

1661年，鄭成功驅逐當時佔據臺灣的荷蘭勢力後，開始了臺灣的明鄭王朝。鄭氏部隊據地軍屯，稱為「營盤田」，設一府二縣，其中萬年縣為現在的高雄。縣治設於今左營區埤子頭（一說位於二贊行）。明鄭帶來中原文化，及濱海軍事要地之屯墾開發，同時也帶動街市的繁榮。次年（1662年），鄭成功病逝，當時駐防廈門的兒子鄭經，與其叔父鄭襲爆發了爭位內戰，最後鄭經得勝，統治臺灣。萬年縣於1664年在鄭經的統治下更名為萬年州。

康熙20年（1681年），鄭經病逝，權臣馮錫范發動兵變，殺監國世子鄭克臧，立自己的女婿鄭克塽繼位，是為東寧之變。

清代

康熙22年（1683年），清水師提督施琅征討明鄭，鄭克塽降清，臺灣入清朝疆域，翌年4月設臺灣府，隸屬福建省，其下分設3縣，改天興州為諸羅縣，分萬年州為臺灣、鳳山2縣。打狗地近臺南，且腹地有漁、鹽、糖、米之利，故有「南路米由打狗販運」之說，使打狗在漁港機能外，又具有地區性商港的功能。清代中葉以後，由於安平港淤淺，以致於「海泊往來遂不赴鹿耳，而趨打狗」，遂使打狗的商務工作漸居重要性。

清朝曾經於興隆莊（今左營）興築「鳳山縣城」，作為鳳山縣治所在地；隨著漁業逐漸發達，近海區域也逐漸出現零散的小型聚落。港口（當時稱為「打狗港」）最初於1680年代左右開港，到了清朝末期亦對外開放成為通商口岸，雖然有部分外國貿易商進駐，但港口規模依舊一直無法擴大。

臺中

史前時期

17世紀時，臺中為道卡斯族、巴布拉族、巴則海族、洪雅族等臺灣平埔族和泰雅族部落定居於此。當時的巴布拉族與貓霧拺族、巴則海族、洪雅族、道卡斯族已成立大肚王國。

明鄭時期及清代

明鄭王朝鄭經繼位之後，改號東寧，隸屬天興州。清康熙22年（1683年），施琅攻下臺灣，次年設臺灣府，將天興州改為諸羅縣（今嘉義縣至基隆市）。雍正元年間，設立彰化縣（今雲林至臺中）。1887年，臺灣建省之後改為臺灣府（今雲林至苗栗），而臺灣建省的首任巡撫劉銘傳將臺灣省城選在如今臺中市建設，但繼任巡撫將省城移至臺北府後，就因預算不足，因此停擺，此時尚未有「臺中」之名稱。

日據時期

日據時期，1895年8月改為臺灣民政支部。1896年設立臺中縣（約今苗栗縣、臺中市、彰化縣、南投縣及雲林縣），「臺中」之稱始於此。1901年廢縣，分拆為五個廳，其中原縣轄臺中辨務署範圍成為臺中廳。1909年，彰化廳併入臺中廳。迨1920年，又與南投廳合併，並改為臺中州；下設臺中、彰化兩市及大屯、豐原、東勢、大甲、彰化、員林、北斗、南投、新高、能高、竹山等十一郡五十七街莊。州設州廳，郡市設郡市役所，街莊設街莊役場，分層辦理地方事務。

最初臺中市分為臺中、頂橋子頭、公館、東勢子、旱溪、下橋子頭、樹子腳、番婆、半平厝、後壠子十個區域。1932年（昭和7年）9月15日，大屯郡北屯莊邱厝子之一部併入新高町。又於1941年（昭和16年）9月13日，將大屯郡北屯莊埯溝子、賴厝廍、邱厝子併入臺中市宮北；南屯莊土庫、麻園頭併入臺中市。

彰化縣

史前文化

彰化縣最早由臺灣原住民族巴布薩族（Babuza）居住。彰化地區的史前考古研究，始自1933年林朝棨及早坂一郎在八卦山發現貝塚，至今已有七十餘年的歷史。經正式調查，發掘的史前遺址共計32處，涵蓋新石器時代長達5000年的牛罵頭文化、營埔文化及番仔園文化。

明鄭時期

1661年鄭成功奉明朝宗室，率領軍民來臺，建立東寧王國，實施對臺灣西部的統治，設置承天府、萬年縣與天興縣，當時彰化縣全境為天興縣，但未有權行實質管轄。

清代

1683年清朝派兵攻佔臺灣，將臺灣西部納入清朝版圖，在今臺南市設立臺灣府，下設臺灣縣、鳳山縣、諸羅縣三縣隸屬清朝福建省。

1723年（雍正元年）間因來臺移民開墾人數漸多，清廷內部大臣開始建議在臺增設縣治管理，丁紹儀《東瀛識略》卷一、建置疆域・建置，第3頁：「彰化縣本諸羅縣地。雍正元年，以土番相繼歸化，民居益繁，析縣屬虎尾溪北半線地方置縣，名彰化」。後來決議在諸羅縣境內虎尾溪以北（此處虎尾溪指現今舊虎尾溪）另設新縣，並以：「建學立師，以彰雅化」之意，取縣名為彰化。並以半線城（今彰化市）作為縣治所在地。於是開始了彰化設縣之始。

1731年（雍正九年）因彰化縣城以北太過廣闊，人民洽公不便，故將彰化縣所屬大甲溪以北之地，劃歸淡水廳管理；此後約一百五十年，彰化縣治理範圍為大甲溪以南、虎尾溪以北。

1875年（光緒元年），臺灣人口日增，漢人開墾佔領之地日大；於是將臺灣北部增設臺北府，而仍屬臺灣府的彰化縣，則將東部山區分設水沙連廳。

1885年（光緒十一年）臺灣建省，再將彰化縣靠海之鹿港設鹿港廳治理。兩年後，1887年（光緒十三年），臺灣省再增設一府及一直隸州，彰化縣將鹿港廳併入，而將大肚溪以北的範圍，設臺灣縣（約今臺中市範圍），此時彰化縣範圍北界大肚溪、南臨虎尾溪，東靠八卦山，西方臨海。

日據時期

1895年清朝於甲午戰爭失利，與日本簽訂馬關條約割臺灣歸日本所有。日本政府重劃行政區，將臺灣簡單劃分為臺北、臺灣、臺南三縣與澎湖廳，彰化當時由臺灣縣管轄。1901年再度行政重劃，設立彰化廳，1909年與臺中廳合併，彰化地區分屬五個支廳（彰化、鹿港、員林、北斗、二林），1920年日本政府在臺開始實施州、郡、街、莊制，將全臺劃分為5州3廳，彰化全境改隸臺中州，底下劃分為1州轄市（彰化市）3郡（彰化郡、員林郡、北鬥郡）。爾後，日本政府在行政區就為此為基準，無再變更。1930年代，彰化地區人口已突破百萬。

屏東縣

今日的屏東縣與高雄市，在明鄭時期屬於萬年州，清朝時期則改稱為鳳山縣。今日屏東縣地，是隔了一條寬廣的高屏溪（清朝時稱為「下淡水溪」），交通相對不方便。雖然早在1664年，鄭經就開始在高屏溪以東推行屯田，但在明鄭時期那一帶都是以廣東省嘉應州（即今之梅州市）客家移民居多，且以楊、張、鄭、古等四姓人家為前來拓墾的主要家族。

漳、泉一帶的閩南族群直到清朝康熙統治臺灣初期（康熙二十三年、1684年），才開始來到那裏建立村落並進行開墾。第一批來屏東拓荒的閩南族群是福建省漳州府海澄縣民。隨著漢人移民逐漸增加，清代的鳳山縣今日屏東縣境（當時俗稱為下淡水溪以東），設置「下淡水巡檢分署」於此，等於是鳳山縣的派出單位，但這不是真正的行政區。

到了康熙六十年（1721年），同樣也是漳州人的藍鼎元，隨堂兄南澳總兵藍廷珍來臺平定朱一貴事變，事後，藍家等百餘宗族、兵員未返，落腳阿里港（現為里港鄉）墾荒開發。由此來看，臺灣開發初期，本縣境內的閩南族群，大多是以漳州人移民居多，而泉州人似乎較少移民來屏東。約到雍正十二年（1734年）後，屏東平原大部分開墾完成。

今日屏東縣內最大城市屏東市，舊名阿猴，日據初期改阿緱，原本為平埔族聚落，因「阿猴」地理位置位於今高雄市半屏山之東，所以後來在日據時期，「阿猴」被日本人改名為屏東。在清朝乾隆二十九年（1764年），今日的屏東市由村落發展為初具規模的市街。再到了道光十六年（1836

年），官民合力建築阿猴城堡壘，共有東、西、南、北等四個城門，至此，屏東市街建築全部完成。而在屏東縣南邊的恆春半島地區，則是在光緒元年（1875年）才從鳳山縣劃出恆春縣，建恆春縣城。

第九章　日據時代的抗日運動

1895年4月17日，中日簽訂《馬關條約》，臺灣割讓給日本後的頭二十年，當時臺灣的人民懷念祖國，加之日本殖民造成百姓生活的困難，是以武裝的抗日運動十分頻繁。這些抗日運動可分成三個階段，另外還有原住民的抗日事件。

（一）臺灣民主國及民間義軍的乙未戰爭

當簽訂馬關條約時，李鴻章要求給予一些時間讓清政府處理臺灣官方及民間有關的事務，再行交接。但被日方拒絕，日本決定立即強行用武力接收。5月10日，日本任命樺山資紀為臺灣總督，此時日軍已準備四路進軍臺灣，進行血腥鎮壓：北白川宮能久率部由基隆登陸，南下進攻臺灣中部；伏見宮真愛部從嘉義登陸，向北進攻雲林、彰化；乃木希典部從屏東枋寮登陸，北上進攻高雄、臺南；聯合艦隊松島號等八艘主力艦封鎖所有臺灣港口。作戰兵力5萬多人，外加從屬人員2.8萬，總計7.8萬。6月2日，樺山資紀和清廷代表李經芳在基隆三貂角外海停泊的「橫濱丸」號上舉行了臺灣受渡簽字儀式，簽署《交接臺灣文據》。

5月25日，原臺灣巡撫唐景崧在臺北宣布成立「臺灣民主國」，就任總統，丘逢甲為副總統兼民兵司令，劉永福為大將軍。原欲得到清政府及列強支援，未果。匆促成軍，雜亂無章，有名無實。5月29日下午2時，日軍先頭部隊從澳底（今新北市貢寮鄉）登陸，旋即攻佔基隆。唐景崧上任不到十天，於6月3日棄城而逃，躲在淡水，6月7日乘德國運煤船逃往廈門。6月11日，泉州籍辜顯榮代表艋舺士紳迎接日本軍進入臺北城。統領臺中防務的丘逢甲也於6月5日逃往廣東。

圖9-1　唐景崧

圖9-2　劉永福

圖9-3　丘逢甲

雖然臺灣民主國抗日不力，但民間的抵抗還是非常英勇。其中最主要的是桃園、新竹、苗栗的客家人組成的義軍，由胡嘉猷、黃娘盛、徐驤、姜紹祖、吳湯興領導。他們從北部開始做堅強的抵抗，給予日軍很大的困擾。屢敗屢戰，但終敵不過日軍強大的火力，退到彰化後與劉永福的黑旗軍會合，與日軍展開激戰，不幸失敗，彰化失陷，大部分領導犧牲。

6月下旬，餘眾又擁立在臺南負責南部抗日的大將軍劉永福為民主國第二任總統。劉永福部黑旗軍在彰化與日軍激戰，潰敗。10月，乃木希典部在屏東枋寮登陸，伏見宮真愛部從嘉義登陸，會合由彰化南下的日軍，對臺南進行三路夾擊。劉永福見大勢已去，乃於10月20日從安平搭乘英輪逃離臺灣。日軍佔領臺南，歷時近184天的臺灣民主國到此終結。

圖9-4　北白川宮能久

圖9-5　乃木希典

征臺戰爭，日軍戰死330人，傷680人，但患病，主要是瘧疾，死亡高達7000多人。北白川宮能久死於臺南，一說是染瘧疾而死，也有一說是因屠殺百姓過度，遭到臺灣義士林昆岡刺殺。估計臺灣人抗日民兵死亡約1萬5千人，傷3萬餘人，無辜百姓死傷超過10萬人。

（二）七年（1895-1902）抗日游擊戰

臺灣民主國宣告崩潰以後，樺山資紀於1895年11月8日向日本東京大本營報告「全島悉予平定」。但不到一個月以後，林李成、林大北即開始在臺灣北部起義，並引發了一連串在蘇澳、臺北、淡水、宜蘭的抗日事件。日軍在武力鎮壓後對無辜百姓大肆燒殺，死者數千人，房屋被毀無數，宜蘭平原大半化為灰燼。

1896年，苗栗地區部分義軍撤往大湖，加入泰雅族原住民抗日行列。由「得磨波耐社」大頭目「北都巴博」率領，在馬那邦山區與日軍展開一場殊死戰。但日軍擁有山炮等重型武器。原住民4位頭目和義軍將領柯山塘及屬下全部陣亡，日軍陣亡七十多人。

中南部地區簡義、柯鐵虎、劉德杓為首的民勇軍於1896年6月進攻駐守南投及斗六的日軍，7月進攻鹿港。辜顯榮率

▌圖9-6　簡大獅

▌圖9-7　柯鐵虎

▌圖9-8　林少貓

「別動隊」協助日軍，民勇軍不敵、失敗。事後，日軍在雲林地區展開清鄉報復行動，約六千至三萬人遇害，史稱雲林大屠殺。

1902年在苗栗地區，因原住民不滿歧視與壓迫，以及強行奪取山墾權，襲擊「南莊支廳」。苗栗、新竹等地原住民紛紛響應，交戰一個多月，史稱「南莊事件」。之後，日本人又殘殺逃到馬那邦山避難的難民，引起原住民更大規模抗日，雙方交戰好幾個月。

在這七年間陸續出現多次抗日行動，當時主要的抗日活動多以「克服臺灣，效忠清廷」為口號，代表人並稱為「抗日三猛」：北部的簡大獅，中部的柯鐵虎和南部的林少貓。他們三位都英勇奮戰數年，最後慷慨犧牲。

（三）後期（1907-1915年）抗日活動

面對臺灣人民的反抗，日本三易臺灣總督：1896年2月以桂太郎代樺山資紀；同年11月以乃木希典代桂太郎；1898年2月又以兒玉源太郎代乃木。不斷增兵，追加軍費預算，發動十幾次圍剿。也引起日本國內輿論譁然，統治集團內部互相指責，甚至在議會中還出現「轉讓臺灣」的提議。最後兒玉源太郎總督採行一方面高壓統治，一方面以民生等政策拉攏臺人。在雙重因素影響下，臺灣漢人對於抗日行動採取了觀望的態度，逐漸將反抗平息下來。1902年，臺灣人抗日運動稍歇。

但五年後的1907年11月發生了北埔事件，武裝抗日又進入另一階段。其後的八年，自1907年的北埔事件起，到1915年的西來庵事件為止，總共有13起零星武裝抗日事件。這些事件中，有11件發生在1911年的辛亥革命之後，並且有4件是受到辛亥革命的刺激而發動的。但是，除了最後一次的西來庵事件外，規模都很小，還有的事先就被發覺捕獲，因此和過去大規模的反抗不同。

1907年11月由蔡清琳領導的北埔事件是由漢族和原住民聯合發動的抗暴事件，義軍攻入北埔支廳殺死日本員警、官吏及眷屬57人，重傷6人。但一兩天後就被鎮壓，81名義軍被槍殺，9人判處死刑。

1913年12月，羅福星領導苗栗起義。羅原籍廣東鎮平，1903年隨其祖父去臺，住在苗栗、新竹一帶，1905年去廈門參加同盟會，又去爪哇教書。辛亥武昌起義後，羅率在爪哇募得的兩千餘人回國參加革命。1912年12月，集合「十二同志」去臺，來往於臺北、苗栗間，祕密發展組織，1913年2月已在臺北、基隆、新竹、桃園等地發展了五百餘黨徒。因而引起日本員警注意，於是年12月被捕，1914年3月被日本臨時法庭判處死刑，羅福星從容就義。羅的起義雖在沒能發動之前就受到破壞，但他對日本殖民統治的評擊說出了廣大臺灣人民的心聲，影響極大。

圖9-9　羅福星

1915年發生的「西來庵事件」，因為余清芳等人常在今日臺南市一個叫做「西來庵」的王爺廟聚會密謀起事而得名。又由於義軍最後與日本軍警在噍吧哖（臺南玉井）對峙，所以又稱「噍吧哖事件」。這是臺灣人第一次利用宗教力量來推動抗日，由余清芳領導，聚眾數千人，戰鬥兩個多月後退入虎頭山區，堅持了一年多。事後，日本軍警殘民以

圖9-10　余清芳

圖9-11　西來庵事件中被押解的起義軍

逞，將位於噍吧哖附近村莊的居民3,200多人集中屠殺。西來庵事件從余清芳等人開始策劃起事，到江定等人被審判處死，前後約兩年的時間裡，有1,957名臺灣人被逮捕，其中遭到起訴的有1,482人，而被判處死刑者高達915人，實際上被處以死刑者有135人，也有接近300人則死於監獄之中。事件的結束，亦使臺灣人認識，因為軍事實力的懸殊，起義舉動難有作為，開始以和平方式爭取民主自治，轉型為社會運動與政治運動。

（四）原住民抗日事件

原住民在後期抗日運動中，有大分事件、麻荖漏事件、霞喀羅事件、霧臺抗日事件、太魯閣戰爭、薩拉矛事件和霧社事件及二次霧社事件等。其中以發生於臺中州能高郡霧社（今南投縣仁愛鄉境內）之霧社事件及二次霧社事件（1930年10月－1931年4月）最為著名。主要原因是由於日本人對臺灣原住民長期的壓抑傳統文化（包含謀生的狩獵）、歧視與勞動剝削，導致原住民生活困苦、長年積怨。1930年10月27日，以頭目莫那魯道為代表，共馬赫坡、荷歌、波亞倫、斯庫、羅多夫、塔羅灣六個部落，共300多位族人發動對日本人的出草及抗暴，殺死在霧社小學舉行運動會的134名日本人（包括許多婦孺及受到原住民好評的日本醫師）。

圖9-12　莫那魯道（中立者）

事件發生後，總督府主張對原住民報復及討伐。於此理念下，總督府展開近二個月的鎮壓，以賽德克族（當時被歸類於泰雅族）為主的六社，參與反抗戰鬥的300多名原住民非戰死即自盡，其家人或族人也多上吊或跳崖；而後日方慫恿原與起事六社敵對的原住民殘殺六社族人。

1931年4月25日深夜，陶珠亞部落攜帶日本當局借給的槍械，衝進這六社殘餘部眾的棲息地。六社餘眾手無寸鐵，面臨突襲，只有束手待斃。結果又有250餘人被殺。經此屠殺後，六社僅剩298人。這被稱為「第二次霧社事件」。日本當局對於他們還不放心，又強迫他們遷離霧社到埔里北面的川中島，繼續進行壓迫。1937年這六社殘眾只剩下230人。霧社事件及二次霧社事件乃是由於總督府處理方法不當，成為臺灣日據時期最直接且最激烈的武裝抗日行動。

圖9-13　霧社抗日紀念碑

第十章　日據時期臺灣民主自治運動——文化抗日

從1895到1915年，臺灣人民不斷地反抗日本殖民統治，付出了極大的代價。西來庵事件中，日本殖民政府大肆屠殺，使得臺灣民眾深感武裝抗日無法與裝備精良的日軍抗衡，徒然犧牲了許多性命，於是開始思考用其他的方式與日本統治者鬥爭，以和平方式爭取民主自治，轉型為社會運動與政治運動。

經過二十年的日本殖民統治，臺灣新生一代的知識份子形成一股巨大的力量，以爭取設置臺灣議會，由臺灣人自己決定臺灣事務為目標。這個「臺灣議會請願運動」開啟了臺灣的「文化抗日」，也成為1920年代及其後臺灣人民抗日的主要策略。在這個文化抗日運動中，一批社會賢達、文化名流，以自己的方式為弘揚民族精神、保持民族文化進行著不懈的抗爭。成績卓著者有林獻堂、連橫、蔣渭水、賴和等人。

林獻堂與連橫

圖10-1　林獻堂

1902年，出身臺中霧峰望族的林獻堂決心以「文」抗日，開展以「反同化」為旗幟的非武力鬥爭，在其居家萊園組織起「櫟社」。作為日據時期臺灣詩人的第一個詩社，櫟社在保存祖國文化、培養民族氣節、教育子孫後代方面起到了一定的歷史作用。當時，臺灣各地詩社、文社皆以萊園櫟社馬首是瞻，尊稱林獻堂為「迷惘年代的掌燈人」。1907年，26歲的林獻堂在日本奈良結識因戊戌政變而亡命日本的梁啟超。林獻堂問：「我們處異族統治下，最可悲痛者，尤無過於愚民教育，處境如斯，不知如何可以？」梁啟超感慨無限：「本是同根，今成異國，滄桑之感，諒

圖10-2　連橫

有同情！今夜之遇，誠非偶然。」1911年2月，梁啟超應邀訪臺，在林獻堂、連橫等陪同下到臺灣諸地參觀，深為臺灣同胞的愛國情懷所感動。臨行，梁啟超勸導他們：「切勿輕舉妄動，避免無謂犧牲。」使得林、連加深了以和平方式爭取臺灣民主自治的策略。

連橫也是出身臺灣望族，他少好讀書，稍長即有反日愛國思想。出於對殖民統治的憎恨，連橫發起成立古詩社—「南社」，與林獻堂的櫟社相互唱和。日俄戰爭爆發，他攜眷離臺赴廈門，與友人合作創辦《福建日日新日報》，並與孫中山領導的革命黨人有所往來。但他實在難捨棄祖輩的墳塋之地，於是仍在海峽兩岸來回穿梭。

梁啟超離臺後，作為臺灣改良主義領袖的林獻堂，就一直沒有沉默過。在他發動下，萊園櫟社同人和臺灣紳民集資18萬元，創辦臺中州第一高等學校（今臺中一中），專門招收臺民子弟入學，以抵抗日本的殖民教育政策。日人矢內原忠雄曾為此驚呼：「這是臺灣民族運動的先聲。」

臺灣同化會

1914年12月，日本自由主義者、明治維新的功臣板垣退助伯爵來臺成立「臺灣同化會」。林獻堂等一批改良派和知識份子，誤以為日本當局真的把臺灣人看作是自己的同胞了，於是紛紛加入。林獻堂因出會費最多而做了「臺灣同化會」的領導人，他天真地向日本當局爭起臺灣人的待遇來，並不斷提出一些社會政治改良的主張。事實給了他當頭一棒，不久，這個「同化會」就被日本總督佐久間左馬太下令解散。接著，臺中州第一高等學校面臨停辦，櫟社的活動也日益維艱（後在該社基礎上另建起臺灣文社），林獻堂以梁啟超當年「切勿輕舉妄動，避免無謂犧牲」的教導為信條，乃暫居日本。

臺灣通史

從大陸復歸臺灣的連橫見此情狀，心懷憤恨。為反抗殖民當局的「同化」政策，打破殖民者篡改臺灣歷史、甚至重新捏塑臺胞靈魂的陰謀，他決定撰寫臺灣歷史，保存祖國文化，使今人後世不忘臺灣歷史。終於在1920年出版不朽巨著《臺灣通史》。此書上溯隋朝，下至甲午，涉及一千四百餘年之史實，在臺灣文獻史的地位甚高。

第一次世界大戰結束後，「國際聯盟」成立。對於剛從猛烈炮火中走出的歐洲乃至世界人民而言，無不希望通過國際聯盟的成立而獲取永遠的世界和平。這股風潮也影響到亞洲，從事政治運動的台灣知識份子也深切地感覺到了這股時局的變化。他們滿懷期望一個「新世界」，一向遭受凌虐的弱小民族必會享得和平、自由與平等。隨之，他們發起了一連串要求自由平等的政治社會運動。

臺灣議會設置請願運動

深受大陸新文化運動和「五四運動」影響，林獻堂應運組織起了「新民會」，其最初宗旨便是謀求臺灣的自治。但林獻堂考慮到完全的自治要求，勢必引起日本的強烈反應，所以新民會的政治運動重點，就放在爭取臺灣人的參政權上，要求日本政府給予臺灣人和日本人一樣的平等待遇。林獻堂幾經斟酌，決定進行合法的民族解放運動。於是，新民會通過《臺灣青年》等刊物，掀起了要求廢止對臺灣人歧視的法律，要求建立「臺灣議會」，允許臺灣人參政。

1921年2月，林獻堂發起「臺灣議會設置請願運動」，向日本第44次帝國議會提交了請願書。此舉點燃了臺灣近代政治文化啟蒙運動的火把。林獻堂發動第一次請願運動後，日本在臺灣的第一任文官總督田健治郎雖然沒有同意建立「臺灣議會」，但為了敷衍這些改良主義的紳士們，還是設置了一個「臺灣總督府評議會官制」，由總督親任會長，特聘林獻堂等9名新民會骨幹為「評議員」，對總督的政務進行監督評議。殖民當局原想以「御用文人」的高官厚祿方式，來收買林獻堂等人，使他們自願停止民權運動。誰知林獻堂並不買帳，依然積極領導和參與民權運動，對日本的殖民統治進行「合法抵抗」。

從1921年到1934年的13年間，一共發起了15次此項請願運動。最初的參與者以東京的臺灣留學生為主。至第三次請願運動籌備時，成立了「臺灣議會期成同盟會」，從而被臺灣總督田健治郎以影響社會治安為由禁止，釀成治警事件。其後，運動得到了日本輿論的支援與臺灣民眾的同情，參與人數邁向高峰。不過在1931年臺灣民眾黨被迫解散後，由於失去支援團體，加上法西斯主義的壓制，運動在1934年正式宣布中止。

臺灣文化協會

1921年10月，林獻堂又聯合臺北大安醫院開業醫師蔣渭水和蔡培火等各階層進步分子，在臺北靜修女學校發起成立臺灣文化協會，林獻堂為總理，蔣渭水為專務理事。會員很快發展到1000多名，主要為臺灣醫專、臺北師範、高等農校等校學生，也有林獻堂家鄉臺中一帶居民。臺灣文化協會與

▌圖10-3　蔣渭水

▌圖10-4　蔡培火

臺灣議會設置運動、臺灣青年雜誌社並稱為臺灣非武力抗日運動的三大主力。在這個具有民族主義啟蒙性質的文化團體的影響下，臺灣各地青年紛紛成立讀書會等文化團體。臺灣總督府對林獻堂惱羞成怒，1922年罷免了他的「評議員」職務。在殖民當局強大的壓力下，林獻堂只好宣布退出議會設置運動。

蔣渭水組織「臺灣議會期成同盟會」未果

蔣渭水因不滿林獻堂等人「變節」，本著對改造臺灣社會的信心與熱情，於1923年1月出面發起組織「臺灣議會期成同盟會」。但在臺北召開成立大會時，遭日警驅散。於是，蔣渭水親往東京，重建「臺灣議會期成同盟會」，並在臺灣設立支部，臺灣總督認為：「此為非法組織反日團體。」

這年底當蔣渭水回臺灣率眾請願時，殖民員警以擾亂治安罪將他們逮捕。臺灣人民和部分支持臺灣民權運動的日本人在法庭上與殖民當局進行了大規模的法庭鬥爭。消息傳出，廈門大學學生李思禎（臺灣嘉義人）以所創「臺灣尚志社」名義，召開在廈臺灣學生大會，並作宣言書，寄送到臺灣、東京及國內各地。看到各地的激烈反應，日本殖民當局為平息事端，只好下令法院釋放大部分被捕者，對蔣渭水等首領只判了4個月的象徵性監禁。在蔣渭水等人被捕期間，林獻堂又再度出面，領導請願運動。《臺灣民報》也配發了一系列相關文章，以「充實我們的智識，俾使順應世界潮流」相號召。

辜顯榮創設臺灣公益會

為了「以臺制臺」，和林獻堂等人及所領導的請願運動及臺灣文化協會相對抗，1923年11月，日本第九任臺灣總督內田嘉吉任命辜顯榮創設「臺灣公益會」。

圖10-5 辜顯榮

1924年底，辜顯榮特地邀請在日本講學名動公卿的宗親、享譽世界的文化怪傑辜鴻銘來臺「教化事業」。臺灣雖已由日本統治了近30個年頭，但辜鴻銘仍覺這還是中國的土地，所以一到這裡，便宣揚孔孟之道和他所持的中國文化救世說，一時成為臺灣新舊文學之爭兩派交攻的目標。

連橫親自在《臺灣詩萃》上發表讚賞文章，對辜來臺講學表示熱烈歡迎，張我軍等一批主張新文化的臺灣青年，則陸續刊發了不少討辜檄文。日本新任總督伊澤多喜男還未看到內田嘉吉下令開辦的「臺灣公益會」收到什麼成效，就得知臺北愛國人士200餘人集會議決重建被殖民當局毀壞的孔廟。雖然臺北孔廟直到1939年才最後竣工，但開工之後不久，便有臺北民間組織的「崇聖會」在此舉行祭孔大典。當殖民當局野蠻摧殘臺灣各族文化之時，臺北孔廟卻成了臺民反抗外來文化侵略、堅持民族文化傳統的大集會場所。

臺灣文化協會分裂

隨著文化抗日的深入，由不同階級出身和不同思想傾向的知識份子組成的臺灣統一戰線組織—臺灣文化協會卻發生了分裂，分化為三股不同的力量：右翼以林獻堂、蔡培火為代表，他們主張改良主義，採取請願的方式，希望在日本統治下實現「地方自治」；左翼以王敏川、連溫卿等社會主義知識份子為代表，堅決主張在臺灣進行階級鬥爭以澈底推翻日本帝國主義的統治；另外以蔣渭水為代表的知識份子，則彷徨於兩者之間，主張以當時實行農工政策的中國國民黨為榜樣，進行以農工階級為基礎的民族運動。

臺灣民眾黨

1927年10月，臺灣文化協會在臺中召開第一次全臺代表大會，正式宣告分裂，林獻堂、蔣渭水、蔡培火等脫離出走，另行組建臺灣歷史上第一個合法的政黨—臺灣民眾黨。臺灣文化協會（新文協）在左派人物王敏川領導下繼續開展活動，毫不屈服殖民當局的高壓統治，勇敢無畏地傳播民族文化，宣傳民族意識。殖民當局對新文協的行動感到恐慌，不斷進行干涉和破壞，並將王敏川等人逮捕。

連横於1912年第四次前往大陸，到各地及北京遊覽，並閱覽有關臺灣的歷史資料。1914年回臺灣後，他立即在臺中參加了林獻堂主持的漢文教學班，為教育後學而盡心血。1928年，為抗議日本人禁止臺灣人使用閩南語，連横又與友人合作創辦「雅堂書局」（連横字雅堂），只賣漢文書，不賣日文書，表現了強烈的民族氣節。

林獻堂和蔣渭水等發起建立的臺灣民眾黨，提出了「對內喚起全臺灣人民的總動員，對外聯絡世界弱小民族及國際無產階級共同奮鬥」。以此為契機，臺灣各階層的愛國人士以各種形式與殖民當局展開鬥爭，奏響了民族解放運動的鼓號。但隨著臺灣民眾黨的日益「左傾」，卻引發了林獻堂、蔡培火等改良主義者的不滿，終於在1930年8月脫離，創立「臺灣地方自治聯盟」，要求「在不抵觸日本憲法之範圍內」，「實施完全之地方自治」。

次年2月，日本總督府強行將民眾黨取締，早已被視為眼中釘的臺灣文化協會也隨之被取締。臺灣文化協會雖然只存在10年時間，但對臺灣社會卻產生了深遠影響，其民族意識和愛國精神感召了許許多多的臺灣民眾。

1931年8月，就在臺灣民眾黨和臺灣文化協會相繼被取消後不久，蔣渭水去世。這位有著臺灣「聖雄甘地」之譽的醫生，臨終還就此發表聲明，不忘告訴自己的同志：「臺灣人的解放，不可能單靠知識階級及有產階級完成之。全臺灣人的自由，必俟工人、農民、無產市民奮戰。惟其如是，方能獲取解放運動之完善結果。」

林獻堂的臺灣新民報反對日本侵華

1931年9月，日本悍然在中國大陸發動了「九一八事變」。日本政府在臺灣宣傳機關報《臺灣日日新報》作了大量欺騙臺灣民眾的宣傳。事變後的第三天，該報的四個版面盡是有關東北戰情的報導，大小標題反映的重點無非是：「戰爭非本政府所要，實因中國人的節節進逼（華軍襲我、毀鐵路等），事後，日本軍已在刻意防止事件擴大，為維持威信，才嚴懲『敵人』，而且日軍英勇無比，一猛擊就使中國軍潰走。」在日本政府刻意傳達的訊息中，日本人發動這場戰爭系「自衛還擊」，「師出有名」。此後的宣傳更是謊話連篇，譬如：「防止事件的擴大，是我（日本政府）努力的方針」、「為了維持我軍的威信，有必要嚴懲（華軍）——杉山陸軍次官的聲明」等等，不一而足。

日本發動侵華戰爭之後，聽收音機和看國際媒體，成了林獻堂依靠的訊息來源。作為富家人，他自家擁有收音機，不要像窮苦人要從公眾的廣播塔聽消息，那樣的廣播塔，和《臺灣日日新報》一樣，都是殖民當局的宣傳管道。當時歐洲各國報刊，如瑞士《日內瓦報》、《地方導報》、美國《紐約世界電訊》等，均在報導中直接對日本「侵略有理」

的宣傳提出質疑，並隱約傳達出日本人掩耳盜鈴的伎倆。林獻堂這位有反省力的臺籍愛國紳士，雖然有時也難免與殖民者虛與委蛇，但仍舊深藏著一顆作為中國人的樸素的心。他對日本蓄意發動這場與祖國間的戰爭深表氣憤，為了讓臺灣民眾能接受到可靠的戰爭訊息，他以《臺灣新民報》社長身分，聯合該報各股東，商定要讓這份發行五六萬份的漢文報紙「代表四百萬臺灣人言論立場」。

於是乎，《臺灣新民報》就「九一八事變」發出了與殖民當局的報紙、電臺不同的聲音。單從其在事變期間新聞版的標題，如「滿洲遍地起風雲，日本軍佔領奉天」、「張氏通宣導電，國家命脈一線存存，披髮因為你旗，不見有青天白日了！」等，明顯可看出該報「心向祖國」的民族主義立場。在日本高壓的「新民報」「甘冒大不韙」的作法顯得極其可貴。曾任該報股東的楊肇嘉在回憶文中指出，「九一八」時期，他親眼看到《新民報》的編輯，為日本侵略祖國痛心憤慨，將所有電文凡「支那」皆改為「中國」；為不侮辱祖國，輕視自己，常與檢查報紙的日本警察爭吵發生。該報還經常刊登直接向日本政府發出警告戰爭後果的言論。

《臺灣新民報》真正反映了臺灣人的心聲，不僅為臺籍知識精英所依賴，還成了臺灣民眾的「喉嚨」。為了讓這「喉嚨」失聲，殖民當局一方面對《新民報》大行拉攏手段，一方面也更加擴大了宣傳管道，除收音機、報紙之外，還利用影片在街坊、學校等處巡迴放映。總督府作如此欺騙宣傳不夠，為防止臺灣民眾站在中國大陸那頭，還發表了禁止建黨結社的嚴令。看到臺灣民眾「合法」的民權運動差不多就此畫上了句號，連橫悲憤之餘，乃讓獨子連震東赴上海，投奔國民黨元老張繼。他在給張繼的信中說：「弟僅此子，雅不欲永居異域，長為化外之人，是以托諸左右。昔子胥在吳，寄子齊國，魯連蹈海，義不帝秦，況以軒黃之華冑，而為他族之賤奴，泣血椎心，其何能口？」對國之憂心，對兒之期望，躍然紙上。

臺灣人民反抗日本侵華

1934年，日本政府為準備更大規模的侵華戰爭，提出所謂臺灣「自治改革案」，企圖收買以林獻堂等為代表的臺灣上層分子。還擬成立各州「國防議會」，以「政府人民團結」的口號，誘惑臺民入會，以圖把臺灣建成日本的「國防第一線」。為此，日本海軍軍令部長伏見宮親王和海軍元帥黎本宮親王雙雙來臺，鼓勵所謂「國防第一線運動」，并為臺灣「國防議會」聯合會總部舉行成立典禮。

消息傳出，臺灣愛國民眾同聲討伐。在「合法」的民權運動遭受遏制之時，他們決心以非常手段破壞這次「國防議會」成立大會。9月29日，即「國防議會」聯合會總部成立前兩天，青年工人鄭清水隻身潛入日本基隆員警署，埋下炸彈，炸毀了部分建築物，並炸傷多名日警。對這個突如其來的爆炸事件，殖民當局十分恐慌，臺灣第十六任總督中川健藏一面下令封鎖消息，一面佈置搜索。鄭清水在殺傷追捕的日警後，毅然剖腹自殺，年僅21歲。10月，東港烏龍23歲的青年楊萬寶，為反抗殖民當局把臺灣變成「國防第一線」，殺死日警，被俘關押後仍與看守搏鬥，越獄逃出。日本出動數千名員警和團丁，漫山遍野搜捕，毫無收穫。這位勇敢無畏的青年後來病死於山中。同月，臺灣紫雲寺道士曾宗組織「眾友會」起義，失敗後會員427人被捕。

「臺灣議會設置運動」被勒令終止

這些新一輪的「暴亂」，使殖民當局驚恐之餘，加緊了對臺民思想、行為的控制。東京帝國大學法科畢業的日本臺灣總督中川健藏，情知民主法律為敵掌握並利用的危害性，乃勒令林獻堂停止他領導的「臺灣議會設置運動」。臺灣議會設置運動從1921年1月開始到1934年9月結束，前後共組織請願15次。

雖然「臺灣議會設置運動」是一次改良主義運動，採取的是請願的和平方式，但在當時的歷史條件下，卻一定程度地反映了廣大臺灣同胞反對日本殖民統治、嚮往民族解放的情緒和要求。在上世紀二三十年代文化啟蒙尚未蓬勃開展之前，這項運動點燃了臺灣近代政治文化啟蒙的火把，對提高臺灣人民的民族覺悟和鬥爭意識起了一定的推動作用。

連橫既反對臺灣成為日本的「國防第一線」，更不願看到和平請願也遭殖民當局扼殺的局面，於是他再次從日本控制下的臺灣遷回大陸，定居上海。1936年6月，連橫因肝癌在上海病逝。身為歷史學家的連橫真是先知先覺了，如他所料的那樣，1937年，日本挑起了「七七事變」，中國人民由此開始了全面的抗日戰爭。臺灣殖民當局宣布臺灣進入「戰時體制」，強令解散「臺灣地方自治聯盟」，強化對臺灣的法西斯統治，以防「叛變」。在其推行的所謂「皇民化運動」中，文教界尤其受到箝制，不要說《臺灣新民報》等中文報刊或中文欄目均遭停刊，連中文都嚴禁使用。高壓政策下，一批愛國文士沒有沉默，更沒有臣服，處身「地下狀態」仍在進行激烈的鬥爭。

第十一章　皇民化運動

中國自周代以來的王道思想—「繼絕存亡、不滅人社稷」，讓別人祭祀自己的祖先，信奉自己的宗教，保存自己的文化。但日本軍國主義興起後，對國內的少數民族就採取毀其社稷、滅其文化、奴役其人民的霸道政策。以後奪琉球、臺灣、朝鮮，占滿洲、侵中華、攻東南亞、設諸偽政權，在各處立日本「神社」，推展「皇民化」，奴役異族人民，給東亞、世界帶來極大的殘害，也使其本國人民生靈塗炭，最終導致日本軍國主義的全盤崩潰。至今日本當權者猶不能從歷史中汲取教訓、深自反省，仍然緬懷以往霸道擴張，發動戰爭蹂躪中國及東亞人民的舊事，為中國、東亞及日本本國的未來伏下隱憂！本節就讓我們來看看日本在明治維新開始軍國主義擴張之後，所奪得的領土、殖民地及其執行的「皇民化運動」。

明治維新之後，日本所奪得的領土、殖民地

北海道蝦夷族

筆者曾去日本北海道，參觀了札幌的北海道神宮。這個神宮創始於明治維新開始的第二年—明治二年（1869年）。當時明治天皇為了有效控制北海道的愛努族（蝦夷）原住民，下詔將原在東京祀奉的大和族的大國魂神、大那牟遲神與及少彥名神的「開拓三神」移往北海道，讓愛努族供奉。其後於明治三年（1870年）在札幌建設了臨時神社。明治四年（1871年）便於神宮現址建設具規模的神社宮殿，並命名為「札幌神社」。昭和三十九年（1964年），神社中同時合祀明治天皇，並改名為現在的「北海道神宮」。日本全國宮會後來更承認北海道神宮是蝦夷國的新第一宮（社格最高的神社）。

愛努人為北海道的原住民，14世紀時控制了整個北海道，他們主要以狩獵、漁業及簡單農業為生，風俗習慣和大和族大相逕庭。其後大和族人來到北海道南端定居，與愛努人展開貿易，但衝突日益激化。1457年，雙方爆發了坷相曼夷之戰；1669年，又爆發相庫相郢之戰，愛努人戰敗，從此

淪為大和族的從屬。但愛努人的反抗並未停止，1789年，又爆發國後目梨之戰。這場戰爭之後，愛努人口開始大幅減少，愛努族逐漸由大和族的貿易對象轉變為被大和族僱傭的傭工，被融入大和族的經濟體系之中，傳統的愛努文化逐漸消失

日本在倒幕維新的啟蒙時期，吉田松陰就提出：「開墾蝦夷，奪取滿洲而逼俄，霸佔朝鮮而窺清，控制南洋而襲印度，三者擇其易為者為之，是天下萬世可繼之業也。」當我參觀北海道神宮時，深深體驗到這就是日本軍國主義以霸道執行「皇民化」的濫觴。

千島群島、庫頁島

日本軍國主義在明治維新（1868年）之前即開始向外擴展，首先於1855年，俄日雙方決定，千島群島南部歸日本，北部屬俄國，庫頁島暫作懸案。1875年，兩國簽訂《樺太與千島群島北部互換條約》，將日占庫頁島南部與俄佔千島群島北部相交換。1905年日俄戰爭后，日本奪回換給俄羅斯的庫頁島南部，並奪得沙俄在遠東的許多權益。

琉球

琉球因隣近日本，自古均有來往，豐臣秀吉時期（1589年）即有意染指琉球。1609年，日本九州薩摩藩在德川幕府的許可下，入侵琉球；尚寧王被擄，被迫簽訂《掟十五條》：琉球國向薩摩藩稱臣，割奄美群島予薩摩藩。從此琉球同時向明朝及日本朝貢。

明末中國內亂，無暇顧及琉球。清初順治封尚質王為琉球王，琉球依然向清朝稱藩進貢。但因清初長期執行「海禁」，中國對琉球的影響逐漸被日本取代。1871年，日本在本土廢藩置縣，琉球被編入鹿兒島縣。次年（1872年）日本正式宣布琉球群島為日本領土，並置琉球藩，封琉球國王尚泰為藩王。隨後於1875年強迫琉球與中國斷絕外交關係。

1879年，琉球藩被廢除，設沖繩縣，尚泰王與其他重要王室成員均被迫離開琉球，遷往東京。在日本併吞琉球的過程中，琉球親中國人士向德宏、林世功等祕密前往中國，請求清朝出面交涉琉球問題。1877年，中國首任住日公使何如璋在東京為日本進行併吞琉球提出抗議。1879年，美國卸任總統Grant訪華，會晤李鴻章，答應調停琉球問題，中日代表展開磋商。日本首先提出《分島改約案》，願將宮古、八重山二島給中國。中國曾考慮此案，讓琉球國王在此兩島復國，但琉球親中人士表示兩島貧瘠，無法生存，不願接受。

次年（1880年），李鴻章會見日本代表竹添進一郎，提出琉球三分方案，將包括琉球本島在內的中部諸島歸還琉球，恢復琉球王國，將宮古及八重山以南各島劃歸臺灣，另將北部包括奄美大在內的五個島嶼劃歸日本。但日本不願接受，雙方談判陷入僵局，未能簽訂條約，琉球問題被長期擱置。

臺灣

1894年，中日甲午戰爭爆發，中國節節失利。次年（1895年）初，日本圖謀臺灣、澎湖，首先於1月14日擅自宣稱原屬臺灣的釣魚臺群島歸屬沖繩。其後於3月5日至26日攻佔澎湖。是年4月17日，馬關條約簽訂，清朝割讓臺灣、澎湖給日本，琉球群島與釣魚臺群島遂為日本強佔。

朝鮮半島

日本在甲午戰爭之後，將原本朝鮮王朝的宗主國中國（滿清）逼退，朝鮮王朝也改為大韓帝國，而後與日本簽訂

《乙巳條約》，成為日本的保護國；日本亦在朝鮮建立了統監府。日政治界對韓國問題頗多關注，認為應該要立即合併，唯有曾任日本首相、韓國統監、時任貴族院議長的元老伊藤博文因為國際觀感因素，強力反對立刻併吞韓國，認為應該保留大韓帝國的國號、部分行政權與立法權，成為日本的保護國與緩衝國，並且在顧及被統治者意願的情況下，漸進完成合併的目標。1909年7月，日本內閣會議決定併吞韓國的方針，伊藤堅持並提議暫緩施行，希望未來內閣能改變主意。重視國際協調的伊藤博文，與山縣有朋、桂太郎、寺內正毅等向大陸擴張的陸軍軍閥經常衝突。

1909年10月26日，伊藤博文在中國東北的哈爾濱遭到朝鮮民族主義者安重根暗殺身亡。伊藤死後，日本隨即併吞韓國。1910年5月，陸軍大臣寺內正毅被任命為大韓帝國統監，負責完成合併朝鮮的任務。1910年8月22日，大韓帝國總理李完用與寺內正毅簽訂具有法理爭議的《日韓並合條約》，寺內正毅成為事實上的第一任朝鮮總督。大韓帝國皇帝陛下之一切統治權永久讓予大日本帝國天皇陛下（並合條約第一條）、大韓帝國正式滅亡，日本正式吞併朝鮮半島，改統監府為朝鮮總督府，進行殖民統治。

從此時至1945年，日本殖民統治朝鮮半島長達35年。日本在朝鮮建立憲兵員警制度（1910年憲兵員警7,712名，其中朝鮮人4,440名，用以鎮壓朝鮮人反抗，並對言論結社自由進行限制。史稱「武斷統治」時期或「憲兵員警統治期」。在武斷統治時期，朝鮮總督府掌握朝鮮半島的立法、行政和軍隊調動權，不受日本內閣控制，直接對日本天皇負責。

自大韓帝國淪為日本保護國後，朝鮮民族主義運動興起，義兵運動、國權恢復運動等民族運動持續不斷，因此日本殖民者在併吞朝鮮之後，以鎮壓朝鮮民族主義運動為由，剝奪朝鮮人的權利，實行暴力的憲警統治。

北太平洋諸島

如今的北馬里亞納群島、密克羅尼西亞聯邦、馬紹爾群島和帕勞原為德國的殖民地，第一次世界大戰後由國聯委託日本管理、統治，日本退出國聯後將其併吞，設「南洋廳」。

中國東北—滿洲

1931年，日本帝國主義的關東軍發動「九一八事變」，侵佔了整個中國東北地區。1932年3月9日，在日本關東軍的攛掇下，滿清末代皇帝溥儀，從天津祕密潛逃至東北，在長春成立了傀儡政權—偽滿洲國。1932年9月15日，日本關東軍司令官兼駐滿全權大使武藤信義和偽滿洲國總理鄭孝胥在長春簽訂《日滿議定書》，日本正式承認偽滿洲國，使其淪為日本的殖民地。

「偽滿洲國」初期為「共和」體制，不久後以立清廢帝溥儀為「元首」，初期稱號為「執政」，年號「大同」，溥儀後稱「皇帝」，年號「康德」。偽滿洲國的「領土」包括現今中國除關東州（今旅順和大連）以外的東三省全境，以及蒙東和河北省的承德市，「首都」設在新京（今吉林長春）。

偽滿洲國成立后，日本以其為侵華基地，逐漸向內蒙、華北侵凌。中國國土一天天地淪亡，1937年，日軍先後發動七七事變和八一三事變，中國軍民奮起抵抗，掀起八年神聖抗戰，贏得最後勝利！

1941年12月7日，日本海軍突襲美國珍珠港，同時進軍南太平洋諸島及中南半島，掀起太平洋戰爭。但僅六個月後，美國海軍擊潰日本海軍，日本聯合艦隊的四艘重型主力航空母艦—飛龍、蒼龍、赤城、加賀全被擊沉。標誌著日本自明治維新起，經甲午、日俄戰爭建立的強大海軍艦隊走向末日，也顯示了日本侵略戰爭必敗。但日本軍閥猶不惜犧牲大量其本國及包括臺灣等殖民地的人民作困獸鬥，總計189萬的日本兵士，包括3萬臺灣青年喪生於太平洋之戰。

1945年8月6日和9日，美軍對日本廣島和長崎投擲了兩顆原子彈，造成大量平民和軍人傷亡。接著，蘇聯紅軍於8月9日開始突襲駐守在偽滿洲國的關東軍和偽滿洲國軍，日軍及偽滿軍潰敗。8月15日，日本天皇裕仁發佈詔書，宣布日本無條件投降。8月17日午夜至18日凌晨，溥儀在通化臨江縣（今屬白山市）大栗子溝礦山株式會社技工培養所（今白山臨江大栗子鎮偽滿皇帝溥儀行宮博物館）內舉行「退位儀式」，宣讀「退位詔書」，偽滿滅亡。之後包括溥儀在內的偽滿戰犯被蘇軍捕獲，押解到伯力。1950年被移交給新成立的中華人民共和國政府，接受改造。

皇民化運動

皇民化運動（日語：皇民化教育），即日本化運動，指1937年至1945年期間，日本對其統治下的本國少數民族以及殖民地族群，推行的一系列同化政策，希望讓這些族群認同日本與日本天皇，強制同化為完全的日本人。主要影響地包括琉球、台灣、朝鮮、與滿洲等地。贊助者主要有日軍軍部、右翼內閣大臣等。

琉球

相較於臺灣，日本對琉球的同化政策更為徹底，例如亡國後的琉球人被迫改名易姓，原本王族或士族通用漢名（唐名）及琉球式姓名（漢姓＋琉球名），只在對日本的文書中使用日本姓名（和名）。皇民化後漢名及琉球式姓名失去正式地位，日本姓名成為正式姓名。從明治到昭和中期，日本政府強力推行標準語普及運動，在學校禁止使用琉球語，使用琉球語的學生會被掛上具備羞辱意味的方言札，影響所及至今僅剩少數琉球人能流暢使用琉球語。基於一連串同化政策之成功，在被日本吞併134年後，目前琉球人大多認同日本，儘管有獨立運動的存在，但未受到主流社會的支援。如今談及或主張琉球獨立，實際上已非易事。

朝鮮半島

皇民化政策是日本為使朝鮮人成為「皇國的臣民」，即成為忠誠於天皇之日本國民而推進之政策；其目的在於使朝鮮人實施戰爭總動員，以參加日本發動之侵略戰爭。朝鮮總督南次郎說：「內鮮一體正是統治的最高指導目標。形態上、心靈上、血液上、肉體上都必須成為一體。」日本雖然已經擴大對華侵略規模，正式推進戰時體制，但單憑日本人之力量來應對戰爭卻是很吃力；因此有必要動員朝鮮人參加戰爭；為盡可能使朝鮮人自發加入戰爭，因而一再強調「內鮮一體」，即日本之「內」與朝鮮之「鮮」成為整體。

每天正午，朝鮮北韓人無論做什麼，都必須面向日本天皇所在之東京方向深深低頭行禮；所有學校學生每天都要在運動場上集合，向日本皇宮所在之東方朝拜，還要背誦《皇國臣民誓詞》，即「宮城遙拜」。為澈底達到「內鮮一體」之目的，日本殖民當局教育要所有朝鮮人都能使用日語；學校裡不再教授朝鮮語；1942年正式開展日常生活中使用日語。從1940年開始，日本強制要求北韓人之姓名都必須改成日本式，即創氏改名。

偽滿洲國

「偽滿洲國」的居民主要有漢族、滿族、蒙族、朝鮮族、和族等。居民按民族區分，存在等級差異，規定當地的非日本平民禁止食用大米和白麵粉，一經發現，以「經濟犯」處理。而在「偽滿洲國」的日本移民大約有200萬，並未加入滿洲地區籍，仍然是日本國民。很多山東和河北

圖11-1　朝鮮人每天正午，都必須面向日本天皇所在之東京方向深深低頭行禮

的窮苦農民在「偽滿洲國」作勞工，大多未加入滿洲籍。1940年，「偽滿洲國國務院」編纂的《康德7年度臨時國勢調查報告》對「偽滿洲國」人口進行了統計。截止1940年，「偽滿洲國」的總人口為：43,202,880人（分中國系和日本系），其中中國系人口為：40,858,473人，中國系統中的漢族人口為：36,870,978人（漢族占滿洲的中國系人口的90.2%，占滿洲全部人口85.3%），其餘人口為滿（滿、漢八旗後裔）、蒙古、回等民族。日本系人口：2,271,495人，其中日本人：819,614人，朝鮮人（因為朝鮮被日本吞併，

所以人口算在日本系）1,450,384人，臺灣漢人（臺灣被日本吞併，人口算在日本系內）1497人。另外還有第三國（3732人）以及無國籍的人口（69,180人）。「偽滿洲國」的官方應用語言包括滿語，漢語、日語。當時日本為強化對東北人民進行殖民統治和達到分化中華民族的目的，把漢語稱作滿語。

教育——九一八事變之後日本帝國主義佔領了中國東北三省，在長達十多年的殖民統治下，日本侵略者在對中國人民進行殘暴的政治統治和瘋狂的經濟掠奪的同時，在文化上也大力對中國人民實行奴化教育和欺騙宣傳。日本在偽滿洲國建立了完善的殖民奴化的教育體制，大力推行奴化教育，對東北地區人民大眾灌輸奴化思想。為了加強殖民統治，奴化中國人民，日本帝國主義歪曲篡改歷史，宣稱「滿洲」是同日本關係密切的獨立國家，處處顯露將東北據為己有的狼子野心。

偽滿洲國時期由日方編著的歷史課本就是日本帝國主義對中國人民進行奴化教育的重要載體。為了奴化和愚弄中國學生，偽滿歷史教科書中充斥了顛倒黑白、推卸戰爭責任、美化殖民統治的描寫。日本在中國東北的十四年殖民統治中，奴化教育貫穿始終，對東北的青少年進行嚴厲的精神摧殘，降低東北青少年的文化素質。更能看出日本殖民統治的殘暴產生了極其嚴重的危害：日本侵略者極力向東北青少年灌輸奴化教育思想，教師也只能按照日本的意圖授課。東北的教育非常壓抑，令人窒息。

東北淪陷的十四年中，青少年學生每天都要背誦「建國精神」、「回鑾訓民詔書」等。授課的內容也是「修身」、「國民道德」、「日語」、「實業」，學校裡沒有一點自由的空氣。東北青少年陷入了迷茫、無知、無求、混沌的絕境。日本帝國主義還向東北青少年灌輸「中日親善」、「日滿不可分」、「民族協和」、「建國精神」等奴化思想。把東北青少年培養成會講日本語而不知道中國語、只會勞動而文化水準低下、只供日本人驅使的順民。給中國人戴上沉重的精神鐐銬，使中國人成為日本侵略者鐵蹄下為其侵略服務的工具。總之，日本在中國東北實施的奴化教育給東北人民帶來了空前的災難。東北教育遭到空前破壞，青少年的心靈受到極大摧殘。

禮樂教化——滿洲國建立了完備的普及教育體制，在各級學校中以「民族協和」、「日滿親善」、「一德一心」為口號，大量將日本神道教和琉球神道的宗教儀式融入學校教育：中小學每天早上須向「新京」作偽「滿洲帝宮遙拜」，再向日本東京方向作「日本天皇陛下遙拜」，規定在學校每屆春丁儀式和秋丁儀式舉行祭祀，是人數眾多流程複雜的宗教儀式。學生同時須以日語背誦偽滿皇帝「詔書」《國民訓》。

體育課使用的教材最初全部照搬日本，稱為「滿洲體育教授參考書」。1944年，文教部制定了統一的教材《學校體育科教授要目》。運動競賽花樣繁多，有每逢滿洲國建國紀念日前後舉行的「建國紀念運動會」；每逢重大事件，便舉行「慶祝運動會」等。

語言——「偽滿洲國」的「官方語言」包括滿洲語（漢語）、日語。當時日本為強化對東北人民進行殖民統治和達到分化中華民族的目的，把漢語稱作滿語。由於漢文化漢語的普遍，加上日本的殖民滲透尚未達到語言壟斷，所以漢語是「偽滿洲國」的主要通用語。「偽滿洲國」傳播給民眾的出版物、告示、契約文本、廣播、電影主要使用漢語。「偽滿洲國」的官方文件、詔書、國歌均有漢、日雙語版本，電臺也有雙語廣播，而滿洲的教學、科研讀物大多使用日語。「偽滿洲國」粉墨登場之際，所有重要文告均只使用漢語，但越往後，日語的地位越高，使用面越廣，並被確定偽滿洲國的未來國語。

蒙古語的使用範圍只在蒙族分布的東北西部地區，由於長期與漢族共同生活，蒙族也通用漢語，只在蒙族地區的部分告示、契約中使用漢、蒙雙語文本。朝鮮語的使用只在來華北韓人政治移民的內部，範圍很小。

溥儀的「建國神廟」——筆者在訪問長春時，曾到當年偽滿溥儀的皇宮參觀，走進一個「東御花園」，見到一處「建國神廟」遺址。這個「神廟」是個滑天下之大稽的「怪物」，建於1940年，那年乃是所謂的「日本紀元2600年」。當時日本關東軍明確將規定日本皇室祖先的「天照大神」作為偽滿洲國的「國家宗教」，稱為「建國元神」，教溥儀親往日本迎接代表「天照大神」的三件「神器」——鏡子、玉和劍，並在皇宮御花園內修建了這個「神廟」以供奉「神器」。換句話說，也就是要溥儀不要再祭自己的祖先，而是換個祖宗，改祭日本人的祖先。這也是日本人瘋狂壓迫中國

圖11-2　偽滿溥儀皇宮「建國神廟」遺址

人的一個明證。其後在日本戰敗，蘇軍進佔東北的前夕，關東軍為毀滅暴行證據，乃匆忙地用炸藥將其炸毀。但其底部基石均保持完好。留給後人憑弔、深省。

臺灣

1895年，中日甲午戰爭，清朝慘敗後簽訂馬關條約，割讓臺灣。日本佔據臺灣後，將臺灣居民依據族群關係大致分為三種：在臺日本人、臺灣漢人及蕃民，社會地位及享受的權利以日本人最優越。1936年9月，新任臺灣總督小林躋 造上任，提出統治臺灣三原則：「皇民化、工業化、南進基地

圖11-3　臺灣皇民化運動中的「國民精神總動員」

化」，其內容包括臺灣人改日本姓氏、推行「國語運動」、「寺廟整理」與「正廳改善」等；提升臺灣工業水準、發展軍需工業、建設臺灣以成為日本執行「南進政策」的基地。1937年中日戰爭爆發中，為了配合日本本土的「國民精神總動員運動」，臺灣總督府開始調整對臺政策，並在臺灣推行了一系列強制同化的政策，同時抹去臺灣人對中國的認同，皇民化運動便是這種環境下的產物。

1941年4月9日，日本成立皇民奉公會，皇民化運動轉入第二階段，即皇民奉公運動，驅使臺灣人為日本帝國盡忠、為戰爭效命。由本書前節所述，朝鮮也在同時被迫開始推動創氏改名，與要求朝鮮人朗讀皇國臣民之誓詞的運動。

皇民化的實施內容包括：

（一）推行日語的政策，限制對原本語言的使用，推動「國語家庭」（國語の家）。

（二）更改姓氏運動：要求改用日本姓氏，皇民化時代改日本姓的公務員，較有升遷機會。比如李登輝改名為「岩里政男」，邱創煥家改姓「岡田」，張姓改為「清河」及王姓改為「太原」等。

（三）要求一般人民對日之丸國旗的敬愛，並要求齊唱君之代國歌。

（四）建立神道教的象徵物神社。

（五）推行基於「教育敕語」（註：山縣有朋內閣的內閣法制局長官井上毅等人負責起草，於1890年10月30日頒布，等同於如今台灣的課綱）的「國家教育」。

（六）穿著和服等日式服飾。

自1936年日本確定南進政策開始，一直到二次大戰結束的1945年為止，日本在臺灣的殖民統治邁向了另一個階段。該時期因戰爭的需要，日本內地經濟泥足深陷，全國逐漸進入戰時體制，繼而孤注一擲，發動大東亞戰爭，國力消耗甚鉅，人力物力羅掘俱窮，需要臺灣的協助。

然而要臺灣人「真誠」、「同心協力」，須由同化政策更進一步，除了取消原來允許的社會運動外，也積極從精神上消除臺灣人的民族意識，生活上脫離漢民族及臺灣原住民的生活型態與文化，全力推行皇民化運動，大力提倡臺灣人全面日本化，並全面動員臺灣人參加其戰時工作，一直持續到1945年二戰結束，日本投降為止。本時期可以稱為「皇民化時期」，是「內地化」的極端形式。

皇民化運動系分成二階段進行。第一階段是1936年底到1940年的「國民精神總動員」，重點在於「確立對時局的認識，強化國民意識」。通過各種思想宣傳與精神動員，致力於消弭臺灣人的祖國觀念，灌輸大日本皇民思想。第二階段

圖11-4 臺灣皇民化運動推動臺灣百姓支援日本太平洋戰爭

是1941年到1945年的「皇民奉公運動時期」，主旨在徹底落實日本皇民思想，強調挺身實踐，驅使臺灣人為日本帝國盡忠。

日本人為強化組織功能，成立各種奉公會團體，臺灣人民被迫參加，將運動推向社會的最基層。臺灣總督府為推動皇民化運動，開始強烈要求臺灣人說國語（日語）、穿和服、住日式房子、放棄臺灣民間信仰、改信日本神道教並參拜神社、同時也要每日向日本天皇的居所膜拜。此外，總督府也在1940年公佈更改姓名法，推動廢漢姓改日本姓名的運動。

（左）圖11-5　日本政府動員臺灣原住民參軍
（右）圖11-6　日本政府動員臺灣青年參加太平洋戰爭

圖11-7　臺灣青年祭祀從軍死難者
旺報〈我是誰　教科書統派意識形態缺席〉https://tinyurl.com/4mmmy5eb

「國語家庭」享受特惠，公家機關得以優先任用、食物配給較多，連子女在升學競爭上也佔優勢。日本人的配給量比臺灣人多，而改成日本姓氏的臺灣人，也比一般臺灣人得到更多的配給；不過，臺灣的皇民化政策的強制性遠低於日本在朝鮮執行的皇民化政策。

最後，由於戰爭規模不斷擴大，所需兵員越來越多，日本當局也在1942年開始在臺灣實施陸軍特別志願兵制度、1943年實施海軍特別志願兵制度、並於1945年全面實施徵兵制。上戰場替軍隊勞動的人，他的家宅可貼上「榮譽之家」字樣。榮譽之家的子弟，升學也會受到特別眷顧。

皇民化下的歷史陳跡，即為神社。日本殖民臺灣期間，全臺各地設立的神社超過200座。雖然隨著政治因素或時間，這些神社多半不復存在，或早被改建，像日據時期最重要的臺灣神社位於現在臺北圓山飯店的紀念北白川宮能久親王的神社。臺北、高雄等地的忠烈祠過去也是神社所在地。但還是有部分建築被保留下來，像是位於桃園的桃園神社（雖然現在變成「忠烈祠」），這可是現今日本境外唯一保留完整的神社建築。桃園神社目前為臺灣三級古蹟，位於桃園市北方虎頭山，可遠眺桃園市區，暗示著居高臨下、庇佑桃園。

1941年，太平洋戰爭開打後，日本殖民政府展開所謂的「一街莊一社」的建造神社皇民化運動，去除中國來的思想

（左）圖11-8　紀念北白川宮能久親王的神社（位於現在臺北圓山飯店）
（右）圖11-9　北白川宮能久親王

信仰及民風民俗。後來，臺日「斷交」時，國民黨政府發佈「清除日據時代統治遺跡要點」，明白指示日本神社應即澈底清除，全臺各地的大小神社在此法令之下大多被拆，但桃園神社卻奇蹟似的被完整保留下來。

1985年，桃園神社建築因多年乏人管理，破爛不堪，桃園縣政府有意將其夷為平地，重新整建為鋼筋水泥結構的中國宮殿式建築，消息傳出後，引起各界激烈爭論。後來，一個名建築師得知這是全臺僅存的日本神社，且「這幢神社正是當時血腥統治下的日本保護神的象徵。同時建造的材料全部都是上選珍貴的臺灣檜木，奴役臺灣人工所建造的」。爭取之下，這座神社被完整的保存下來，政府並耗資800多萬元加以整修，九年後，桃園神社正式被列為臺灣地區第三級古蹟，給予永久的保護。

圖11-10　碩果僅存的桃園神社

圖11-11　臺灣小學生參拜神社

在臺灣，還有什麼有名的神社呢？在桃園大溪老街附近的中正公園，是過去大溪神社舊址，本體雖已改建，但還是看得到石燈籠、狛犬等。位於臺北市士林區的圓山水神社，是日本殖民時期為祈求水道營運順利所設置，格局大致完整也相當幽靜。有名的旅遊景點「九份」也有一個金瓜石神社，又名黃金神社，建於1933年，目前僅剩地基、石柱、鳥居等遺跡。另外，在宜蘭，在苗栗，在台南也都有神社。

神社到底供奉什麼神呢？日本殖民臺灣時期，桃園神社當時供奉的是明治天皇及北白川宮能久親王及天照皇大神。北白川宮能久親王於1895年率領近衛師團進攻臺灣，展開為期半年的臺灣史上最慘烈的乙未戰爭，殘殺了近十萬的台灣百姓。。

小小一個神社，你可以在裡面看到歷史和政治的痕跡。把它們保留下來也有記取歷史教訓的意思。至於日本神社和孔廟相比，當然是孔廟在先。臺灣在清朝時就有孔廟了，是日本殖民政府推動去中國化，才把清朝的孔廟拆掉蓋日本神社。所以，誰是古跡，誰黑誰白，事實清楚得很。

臺灣神宮是原位於臺灣臺北市劍潭附近的劍潭山山麓的神社，1901年完工時名為「臺灣神社」，二戰末期（1944年）升格為神宮，主祀死於臺灣的北白川宮能久親王，是台灣日治時期所建的神社中最為重要的一座，稱作「臺灣總鎮守」。1945年中華民國建立臺灣後被拆除，原址改建為圓山大飯店與圓山聯誼會。

第十二章　臺灣民間信仰

臺灣民間信仰糅合了中國儒、釋、道三教，隨著閩粵移民，由中國華南地區傳播來臺，落地生根，逐漸產生本土的民間信仰風格；然其淵源為中國民間的信仰、思想，根深蒂固，永世長存。

全臺被認定755.7萬道教徒中，混雜著臺灣民間信仰者應占大多數。這裡面也包含崇奉祖先、巫術、鬼神和其他神靈及動物崇拜等信仰，乃是起源於閩粵移民渡海來臺時，大多由故里迎請地方神祇，分靈侍奉。

除了人格化的地方守護神原因外，臺灣民間信仰的許多宗源來自道教。本流行於泉漳一帶的正一派道教來臺後，經過一段時間與佛儒兩教滲合，逐漸變成民間基層百姓的傳統信仰及文化現象。

臺灣這種民間信仰也有學者將之歸類為「儒宗神教」，因為就其信仰內容來看，大都是藉著神明持筆揮鸞來闡述儒家的倫理道德教化，相容聖賢、佛祖、仙神思想，強調修身、持家、行善、勸化；即以勸化世人，挽救人心，導正社會頽風惡習為宗旨。

觀世音菩薩是臺灣民間信仰最多的佛教神祇。

由於移民渡海需面對莫測的海潮、氣象變化，多奉信天后—媽祖。

到臺墾殖後，因水土不服，瘟疫四起，又須與臺灣原住民及不同的墾殖團體相互爭鬥，爭奪土地、水源、商業利益等等，迎奉而來的原鄉神祇，成為移民的精神認同，並逐步發展為無所不能的地方守護神。

圖12-1　北港朝天宮

▌圖12-2　北港媽祖雕像

至於基督宗教、伊斯蘭教等雖也落地生根，成為具有臺灣風格的信仰，但由於人口比例較低，暫不列入。有的則如一貫道供奉五教聖人，將其塑像奉祀，已非原基督宗教、伊斯蘭教之模式。

臺灣民間信仰基本為多神信仰，其中以地域性可區分，福建福州籍移民信奉的開閩聖王、臨水夫人，漳州籍移民信奉的開漳聖王，泉州同安籍移民的保生大帝，泉州三邑人的廣澤尊王，青山王，泉州安溪籍的清水祖師、顯應祖師、法主公、保儀大夫、保儀尊王，客家汀州籍的定光古佛及其他

圖12-3　臺北艋舺清水巖祖師廟
CC BY-SA 4.0, 寺人孟子, https://tinyurl.com/zn4bxe8

客家、潮州移民的三山國王。當然也信奉開臺聖王。

另外，以鸞堂信仰發展的恩主信仰，也頗為盛行。所謂的恩主是扶鸞的名詞，是對人有恩德的主神，或者是救世主的意思。多以歷史名人為膜拜物件的恩主信仰，主要神只有俗稱關恩主的關雲長、呂恩主是八仙中的呂洞賓、俗稱岳恩主的12世紀中國宋朝名將岳飛。恩主信仰中的多位神祇，民間常以關雲長為首，因此臺灣一般民眾亦稱關雲長為恩主公。

除了地域性神祇與恩主信仰外，臺灣民間信仰尚有海神

圖12-4　臺北大稻埕霞海城隍廟
CC BY-SA 4.0, Outlookxp, https://tinyurl.com/h274tk5t

信仰的玄天上帝與媽祖，瘟神與英靈信仰融合的千歲信仰：五府千歲、溫王爺等，死亡鬼靈神格化的有應公與義民爺及民間刑罰府衙神格化的八家將等。不過性質與道教幾乎難以釐清，不但信徒無法分辨兩者差別，就連一般統計數據與社會觀察，也將民間信仰歸於道教體系。

如果強加歸類，臺灣較接近道教的知名民間信仰廟宇計有大甲鎮瀾宮、臺北行天宮、北港朝天宮、大龍峒保安宮、北港朝天宮、鹿港天后宮、新港奉天宮、臺灣省城隍廟、大稻埕霞海城隍廟、新竹城隍廟、木柵指南宮、臺北關渡宮、

圖12-5 臺北大龍峒保安宮
CC BY-SA 4.0, Outlookxp, https://tinyurl.com/n6ppkkc3

南鯤鯓代天府、麻豆代天府、臺南大天后宮、臺南天壇、高雄玉皇宮、高雄三鳳宮等等。

據資料顯示，臺澎金馬地區現有包含種類為玉帝廟、關帝廟、媽祖廟、三太子廟等等民間信仰廟宇共8000間，利用民房設立之中型道壇約在10000間左右，傳教人員28000餘人。1911年《臺灣私法》引《臺灣府志》，列舉玉皇上帝、東嶽大帝、北極帝、天后、五穀先帝、保生大帝、三山國王、水仙尊王、開漳聖王、廣澤尊王、注生娘娘及臨水夫人、五顯大帝、元帥爺、王爺、大眾爺、義民、城隍爺、福德正神、灶君、文昌帝君及魁星諸神皆屬儒教。1921年片岡岩的《臺灣風俗志》也是承襲這種宗教觀，擴大了日據時期儒教宗教的範疇。

龍山寺

龍山寺位於臺灣臺北市西南，臨淡水河。清乾隆三年（1738年）創建，至五年建成。其地原名「艋舺」（今萬華），為臺北市區的發軔點。所供神像甚多，主神觀音佛

圖12-6 臺北龍山寺
CC BY-SA 4.0, Outlookxp, https://tinyurl.com/2mhmth4r

祖，亦稱安海觀音，並祀奉媽祖，四海龍王，十八羅漢，城隍爺注生娘娘，山神、土地公等典型神佛合一，有此一說「龍山寺是眾神的集會所」表示供奉神佛很多。每年農曆二月十九日神誕，有盛大祭典。

原建築於嘉慶、同治年間先後被地震和風雨破壞，日據時期，龍山寺部分空間被佔用作為學校、軍營以及臨時辦公處所。1919年，龍山寺住持福智法師見到龍山寺老舊破損，空間被充為公用，便與鄉紳進行募款重建，推舉辜顯榮為重建事務的董事長。隔年展開重建，聘請當時頂尖的大木匠師王益順、石匠師辛阿救，為今日龍山寺樣貌的基礎。

龍山寺的大殿在昭和二十年（1945年）的第二次世界大戰中被美軍轟炸大部毀壞，戰後才修復。現存建築多為1920-1926年改建，1953-1965年擴建。正門石階兩側保全的二銅柱是早期遺物，為重要的藝術品。

龍山寺主要供奉諸神

正殿神明	
觀世音菩薩	觀音佛祖，俗稱「觀音媽」，以普救世人的大慈大悲菩薩，關懷一切衆生悲慘的聲音，故又稱「觀世音」，簡稱「觀音」，據傳能化身三十二種形象，造型特徵通常是寶冠上飾坐佛，手持淨水瓶或蓮花，龍山寺的觀世音神像是由泉州晉江安海龍山寺恭請來台，二次大戰期間，正殿遭炮彈擊中，殿堂全毀，唯有此尊神像安然屹立於蓮花座上，信徒皆稱「佛祖顯靈」，更加虔敬崇拜信仰。
文殊菩薩	為我國佛教四菩薩之一，是佛門中最博學廣聞、多才善辯，象徵智慧銳利與威勐的菩薩，地位僅次於釋迦牟尼佛，為其左脅侍，尊號為，「大智文殊菩薩」。
普賢菩薩	佛教四大菩薩之一，次於文殊菩薩，代表德行，尊號為「大行普賢」，為釋迦牟尼佛右脅侍。
十八羅漢	據傳十八羅漢是我國歷代對「佛法」深有研究的和尚高超武藝，拳法出神入化，雲遊天下，本著慈悲胸懷，行俠仗義，死後為衆人奉祀於觀世音菩薩兩旁。
韋馱護法	又名韋天將軍，高大威武，手持金剛杵，面如童子，心地善良，佛寺中尊之為「韋馱菩薩」，亦是佛教中的護法神。
伽藍護法	伽藍者，即佛寺，為守護佛寺之神，形貌威勐，手持斧，為佛教中的護法神，中國蜀漢時義臣關羽死後亦為後人尊稱「伽藍尊王」、「護法爺」。

後殿神明	
天上聖母	媽祖是以中國大陸東南沿海（浙江、福建）以及臺灣為中心，擴及東亞（琉球、日本本土及新加坡等東南亞地區）沿海一帶的海神信仰（又稱天上聖母、天后、天妃、天妃娘娘、湄洲娘媽、媽祖婆等）。媽祖影響力由福建莆田湄洲島傳播，歷經千年，對東亞海洋文化及南中國海產生重大影響，稱為媽祖文化。媽祖原名林默（暱稱「默娘」），排行家中老么，聰慧過人、沉默不多言，終身未婚，後常於海湧風浪顯靈、颱風轉彎、保佑平安航行，世人認為是「護國庇民」的海洋守護神。
文昌帝君	文昌帝君乃系主文運之神明，本名張亞子，四川梓潼縣人，廣宣道教教義，對蜀國文教貢獻良多，歿後祀文廟尊為「梓潼帝君」，掌文昌府事及人間祿籍，俗諺「孔子但把教育揚，魁星拈筆點雙魁，文昌留眼送祿來」，「文昌帝君」能讓士子名利福祿齊備。
大魁星君	又稱「魁星爺」，「魁」乃北鬥七星之首也，而殿試高中亦是大魁天下士，其扮相代表「仕祿加身、獨佔鰲頭」，讀書人侍奉其為守護神，因魁星爺可庇護參加考試的士子榜上有名。
紫陽夫子	即宋代大儒朱熹，因曾設學於福建「紫陽書室」而得名，其整理四書五經奉為科舉考試範本，故為一般書院奉為主神，以示不忘本之謂。
馬爺	據說是「文昌帝君」坐騎叫「祿馬」，拜祀它為「祿馬神」，俗謂「祿馬得得跑，官位步步升」。
池頭夫人	是看管血池之女神，亦是保護婦女生產平安之神，據傳昔萬華有漳泉械鬥之紛爭，某日漳人進擊，洽為龍山寺池邊之孕婦發現而示警，才得保全領域，其因而被殺，泉州人感念其德，而祀奉為池頭夫人。
十二婆者	十二婆者又稱「十二婆姐」，分別掌管注生、注胎、監生、抱送、守胎、轉生、護產、注男女、送子、安胎、養生、抱子等事務，協助注生娘娘執行任務。
水仙尊王	「水仙王」是海神，亦是海王，為航海業與貿易商所祭拜；以「大禹」為祭祀的主神，配祀於水仙廟的四位是伍子胥、屈原、李白、王勃——歷史上皆與水有關的名人。

後殿神明	
城隍爺	城隍爺乃掌管善惡賞罰之神，屬於陰界之地方官，主司因果報應之輪迴，導引人們行為之是非分辨，以嚇阻惡人為非作歹，勸人積善。地方官吏審案難決時，常往訪城隍爺求賜簽或夢以助其判決。
龍爺	龍頭造型的龍爺，傳說是海龍王，是船夫祭祀的海神，也是農民祈雨的雨神。
福德正神	通稱「土地公」，是管理土地的神，他能使土地生長出作物，「有土斯有財」，引申為財神，農家、商人都十分崇信，是所有神明中最親切、可人的一尊。
關聖帝君	三國蜀漢人，關羽字雲長，一生忠義勇武，集「仁、義、禮、智、信」之大成者，歷代君王均加以封號，祭祀並以「武聖」最高榮譽尊稱，另關公亦因其敬信守義之精神，且其生前精於理財，擅長記帳，據傳中國式簿記及算籌為其發明，故商業界人士奉祀為守護神。
三官大帝	三官大帝俗稱「三界公」即天官、地官、水官，掌管天地水界之事務；天官一品系紫薇大帝，管神界，賜人福，堯帝至仁感天，封為天官；地官二品系清虛大帝，管凡界，可赦人罪，舜帝開墾土地，封為地官；水官三品為洞陰大帝，管陰界，可解人災厄，禹帝善於治水，封為水官，龍山寺三官大帝祭典在農曆十月十五日舉行，推算應是三官大帝之水官。
華佗仙師	東漢三國，通經、曉養性之術，尤精於方藥、針灸術，擅治諸難症，故尊奉「神醫」，後代醫師與藥店均供奉之，祈盼能醫運亨通、葯到病除，為世人解除疑難雜症。
地藏王菩薩	又稱幽冥教主，據佛經記載，其為釋迦滅後、彌勒未生前衆生賴以救苦，地藏王為了救度六道輪迴中受苦的衆生，發願「地獄不空，誓不成佛」，在唐朝永徽年間，新羅國太子金喬覺帶著一隻白犬（善聽），到九華山出家修行，成道後下山，巧遇閣老，人稱閔公，平日好善樂施，捨其子道明與地藏王菩薩為徒，所以民間地藏王菩薩身旁尚奉侍閔公及道明和尚。民間另傳目蓮救母與其有關，據說其總管十殿閻羅，信徒極為普遍。

結論

古人云：「欲知大道，必先為史。滅人之國，必先去其史。」了解歷史，乃可認清社會演進的大道，借鑒以往始能探索未來；一個國家如果拋棄了自己的歷史，就將走向滅亡的道路。

臺灣歷史發展源遠流長，內涵豐富。原住民刀耕火耨，開萬古洪荒；閩南、客家族遠渡重洋，篳路藍縷，以啟山林；百餘萬外省人精英齊備、扶老攜幼，遷聚斯土。共同努力、奮鬥，以至今日昌盛繁榮。

教育下一代必須給予正確的史實，才能建立其自我的信心，以及對未來發展的判斷，整個社會才能走向康莊大道。願臺灣教育當局明察、慎思之！

國家圖書館出版品預行編目

讀新歷史課本有感 / 卜一著. -- 臺北市 : 獵海人, 2021.07
面； 公分
ISBN 978-986-06560-0-8(平裝)

1. 臺灣史 2. 文集

733.2107 110007596

讀新歷史課本有感

作　　者／卜　一
出版策劃／獵海人
製作銷售／秀威資訊科技股份有限公司
114 台北市內湖區瑞光路76巷69號2樓
電話：+886-2-2796-3638
傳真：+886-2-2796-1377
網路訂購／秀威書店：https://store.showwe.tw
博客來網路書店：https://www.books.com.tw
三民網路書店：https://www.m.sanmin.com.tw
讀冊生活：https://www.taaze.tw

出版日期／2021年7月
定　　價／280元

版權所有・翻印必究　All Rights Reserved
Printed in Taiwan